Hansjürgens

Formularheft
Fahrtenaufzeichnungen
für Landfahrzeuge

aus der Not geschrieben, da der Buchhandel
nichts auf Lager hatte, was meinen Anforderungen
entsprach. Wechsle ständig die Fahrzeuge, ob PKW,
LKW, Krad, fahrende Maschinen, alles dabei. Und es
sind nicht nur Dienstwagen, Privat meist Carsharing,
dienstlich Mietwagen. Um den Überblick zu behalten,
habe ich diese Formularheft geschrieben.
Hoffe, euch hilft es.

Hansjürgen

Hansjürgen Hassenzahl
Arbeitsbuch Catering & Logistik

Fahrtenbuch

deutsch

an eine Person gebunden

schriftliche Fahrtaufzeichnungen
für den Einsatz

mit wechselnden Landfahrzeugen
wie LKW. PKW, Krad, ..

wie Dienstwagen, Einsatzfahrzeuge
Carsharing, Mietwagen
Privatfahrzeuge

Buchautor:
Hansjürgen Hassenzahl
1140 Wien

hansjurgen.jimdo.com

BoD
BOOKS on DEMAND
Herstellung und Verlag:
BoD - Books on Demand, Norderstedt
ISBN 978-3-7386-032-4

hassenzahl.bodautor.de

Bibliografische Information der Deutschen Nationalbibliothek:
Die Deutsche Nationalbibliothek verzeichnet diese Publikation in
der Deutschen Nationalbibliografie; detaillierte bibliografische
Daten sind im Internet über http://dnb.dnb.de abrufbar.

Inhaltsverzeichnis

Kapitel 1   **ab Seite 7**
Inhaber Fahrtenbuch

    Angaben zum Fahrer
    incl. Notfallnummern

Kapitel 2   **ab Seite 9**
Angaben zum Führerschein

    immer wichtiger:
    wann ausgestellt
    wie lange gültig
    Verlängerung mit Gesundheitscheck?
    nächster Gesundheitscheck

Kapitel 3   **Fahrtenbuch**

Kapitel 3.1   **ab Seite 11**
Fahrtaufzeichnung

    ob PKW oder LKW
    mit Anhänger und Ladung
    Start und Ziel Angaben.....

Kapitel 3.2   **ab Seite 112**
Beförderungs- & Begleitpapiere

    ab und zu ratsam auch bei
    privaten Transporten
    dienstlich Pflicht und oft vernachlässigt

Inhaber Fahrtenbuch

Name   Vorname

Name	Vorname

Adresse

PLZ	Wohnort	Strasse	Nr

Kontakt

Phone   Mail

Vorwahl	Telefon Nr	Mail Adresse

Bemerkungen

Notfalladresse / Rufnummer

Führerschein

Führerschein

Nr	ausgestellt	Austellungsort
Permis Nr	Datum	Austellungsort

Verlängerungen

gültig bis	Datum	Stempel	Behörde
gültig bis	Datum	Stempel Behörde	Name Behörde
gültig bis	Datum	Stempel Behörde	Name Behörde
gültig bis	Datum	Stempel Behörde	Name Behörde

Gesundheitscheck

Datum	Arzt	Stempel	Bemerkungen
Datum	Arzt : Name & Adresse	Stempel Arzt	Bemerkungen
Datum	Arzt : Name & Adresse	Stempel Arzt	Bemerkungen
Datum	Arzt : Name & Adresse	Stempel Arzt	Bemerkungen

Fahrtaufzeichnung
Blatt 1

Kraftfahrzeugart

LKW, PKW, Krad......?

Fahrzeugdaten

Privatwagen	☐
Dienstwagen	☐
CarSharing	☐
Rent a Car	☐

Zugfahrzeug Fabrikat/Typ	Kennzeichen	Fahrzeughalter
Gesamtgewicht	Ladung	Gefahrgut ☐
Anhänger Fabrikat/Typ	Kennzeichen	Fahrzeughalter
Gesamtgewicht	Ladung	Gefahrgut ☐

Fahrtzweck, Schäden und Bemerkungen

eintragen Fahrtzweck, Auftrag, , Gefahrgut, Bemerkungen wie Unfall,...

Fahrt

Fahrtbeginn		Reiseweg	Fahrtende	
Dienstfahrt	☐		Privat	☐
Start	KM		Ende	KM
Datum & Zeit			Datum & Zeit	
Dienstfahrt	☐		Privat	☐
Start	KM		Ende	KM
Datum & Zeit			Datum & Zeit	
Dienstfahrt	☐		Privat	☐
Start	KM		Ende	KM
Datum & Zeit			Datum & Zeit	

Fahrtkosten

Datum	Artikel, Dienstleistung	Betrag	Währung
Datum	Artikel, Dienstleistung	Betrag	Währung

Fahrtaufzeichnung

Blatt 2

Kraftfahrzeugart

LKW, PKW, Krad......?

Fahrzeugdaten

Privatwagen ☐
Dienstwagen ☐
CarSharing ☐
Rent a Car ☐

Zugfahrzeug Fabrikat/Typ	Kennzeichen	Fahrzeughalter
Gesamtgewicht	Ladung	**Gefahrgut** ☐
Anhänger Fabrikat/Typ	Kennzeichen	Fahrzeughalter
Gesamtgewicht	Ladung	**Gefahrgut** ☐

Fahrtzweck, Schäden und Bemerkungen

eintragen Fahrtzweck, Auftrag, , Gefahrgut,
Bemerkungen wie Unfall,...

Fahrt

Fahrtbeginn	**Reiseweg**	**Fahrtende**	
Dienstfahrt	☐	Privat	☐
Start	KM	Ende	KM
Datum & Zeit		Datum & Zeit	
Dienstfahrt	☐	Privat	☐
Start	KM	Ende	KM
Datum & Zeit		Datum & Zeit	
Dienstfahrt	☐	Privat	☐
Start	KM	Ende	KM
Datum & Zeit		Datum & Zeit	

Fahrtkosten

Datum	Artikel, Dienstleistung	Betrag	Währung
Datum	Artikel, Dienstleistung	Betrag	Währung

Fahrtaufzeichnung

Blatt 3

Kraftfahrzeugart   **Privatwagen** ☐

LKW, PKW, Krad.....?   **Dienstwagen** ☐

                                  CarSharing ☐

Fahrzeugdaten   **Rent a Car** ☐

Zugfahrzeug Fabrikat/Typ	Kennzeichen	Fahrzeughalter
Gesamtgewicht	Ladung	**Gefahrgut** ☐
Anhänger . Fabrikat/Typ	Kennzeichen	Fahrzeughalter
Gesamtgewicht	Ladung	**Gefahrgut** ☐

Fahrtzweck, Schäden und Bemerkungen

eintragen Fahrtzweck, Auftrag, , Gefahrgut,
Bemerkungen wie Unfall,...

Fahrt

Fahrtbeginn		Reiseweg	Fahrtende	
Dienstfahrt	☐		Privat	☐
Start	KM		Ende	KM
Datum & Zeit			Datum & Zeit	
Dienstfahrt	☐		Privat	☐
Start	KM		Ende	KM
Datum & Zeit			Datum & Zeit	
Dienstfahrt	☐		Privat	☐
Start	KM		Ende	KM
Datum & Zeit			Datum & Zeit	

Fahrtkosten

Datum	Artikel, Dienstleistung	Betrag	Währung
Datum	Artikel, Dienstleistung	Betrag	Währung

Fahrtaufzeichnung
Blatt 4

Kraftfahrzeugart   **Privatwagen** ☐

LKW, PKW, Krad.....?   **Dienstwagen** ☐

                             CarSharing ☐

Fahrzeugdaten   **Rent a Car** ☐

Zugfahrzeug Fabrikat/Typ	Kennzeichen	Fahrzeughalter
Gesamtgewicht	Ladung	**Gefahrgut** ☐
Anhänger Fabrikat/Typ	Kennzeichen	Fahrzeughalter
Gesamtgewicht	Ladung	**Gefahrgut** ☐

Fahrtzweck, Schäden und Bemerkungen

eintragen Fahrtzweck, Auftrag, , Gefahrgut, Bemerkungen wie Unfall,...

Fahrt

Fahrtbeginn		Reiseweg	Fahrtende	
Dienstfahrt	☐		Privat	☐
Start	KM		Ende	KM
Datum & Zeit			Datum & Zeit	
Dienstfahrt	☐		Privat	☐
Start	KM		Ende	KM
Datum & Zeit			Datum & Zeit	
Dienstfahrt	☐		Privat	☐
Start	KM		Ende	KM
Datum & Zeit			Datum & Zeit	

Fahrtkosten

Datum	Artikel, Dienstleistung	Betrag	Währung
Datum	Artikel, Dienstleistung	Betrag	Währung

14

Fahrtaufzeichnung

Blatt 5

Kraftfahrzeugart   **Privatwagen** ☐

LKW, PKW, Krad.....?   **Dienstwagen** ☐

                                                        CarSharing ☐

Fahrzeugdaten   **Rent a Car** ☐

Zugfahrzeug Fabrikat/Typ	Kennzeichen	Fahrzeughalter
Gesamtgewicht	Ladung	**Gefahrgut** ☐
Anhänger Fabrikat/Typ	Kennzeichen	Fahrzeughalter
Gesamtgewicht	Ladung	**Gefahrgut** ☐

Fahrtzweck, Schäden und Bemerkungen

eintragen Fahrtzweck, Auftrag, , Gefahrgut, Bemerkungen wie Unfall,...

Fahrt

Fahrtbeginn		Reiseweg	Fahrtende	
Dienstfahrt	☐		Privat	☐
Start	KM		Ende	KM
Datum & Zeit			Datum & Zeit	
Dienstfahrt	☐		Privat	☐
Start	KM		Ende	KM
Datum & Zeit			Datum & Zeit	
Dienstfahrt	☐		Privat	☐
Start	KM		Ende	KM
Datum & Zeit			Datum & Zeit	

Fahrtkosten

Datum	Artikel, Dienstleistung	Betrag	Währung
Datum	Artikel, Dienstleistung	Betrag	Währung

Fahrtaufzeichnung

Blatt 6

Kraftfahrzeugart		Privatwagen ☐
LKW, PKW, Krad.....?		Dienstwagen ☐
		CarSharing ☐
Fahrzeugdaten		Rent a Car ☐

Zugfahrzeug Fabrikat/Typ	Kennzeichen	Fahrzeughalter
Gesamtgewicht	Ladung	**Gefahrgut** ☐
Anhänger Fabrikat/Typ	Kennzeichen	Fahrzeughalter
Gesamtgewicht	Ladung	**Gefahrgut** ☐

Fahrtzweck, Schäden und Bemerkungen

eintragen Fahrtzweck, Auftrag, , Gefahrgut, Bemerkungen wie Unfall,...

Fahrt

Fahrtbeginn	Reiseweg	Fahrtende	
Dienstfahrt ☐		Privat	☐
Start KM		Ende	KM
Datum & Zeit		Datum & Zeit	
Dienstfahrt ☐		Privat	☐
Start KM		Ende	KM
Datum & Zeit		Datum & Zeit	
Dienstfahrt ☐		Privat	☐
Start KM		Ende	KM
Datum & Zeit		Datum & Zeit	

Fahrtkosten

Datum	Artikel, Dienstleistung	Betrag	Währung
Datum	Artikel, Dienstleistung	Betrag	Währung

Fahrtaufzeichnung
Blatt 7

Kraftfahrzeugart   **Privatwagen** ☐

LKW, PKW, Krad.....?   **Dienstwagen** ☐

                             CarSharing ☐

Fahrzeugdaten   **Rent a Car** ☐

Zugfahrzeug Fabrikat/Typ	Kennzeichen	Fahrzeughalter
Gesamtgewicht	Ladung	**Gefahrgut** ☐
Anhänger Fabrikat/Typ	Kennzeichen	Fahrzeughalter
Gesamtgewicht	Ladung	**Gefahrgut** ☐

Fahrtzweck, Schäden und Bemerkungen

eintragen Fahrtzweck, Auftrag, , Gefahrgut,
Bemerkungen wie Unfall,...

Fahrt

Fahrtbeginn		Reiseweg	Fahrtende	
Dienstfahrt	☐		Privat	☐
Start	KM		Ende	KM
Datum & Zeit			Datum & Zeit	
Dienstfahrt	☐		Privat	☐
Start	KM		Ende	KM
Datum & Zeit			Datum & Zeit	
Dienstfahrt	☐		Privat	☐
Start	KM		Ende	KM
Datum & Zeit			Datum & Zeit	

Fahrtkosten

Datum	Artikel, Dienstleistung	Betrag	Währung
Datum	Artikel, Dienstleistung	Betrag	Währung

Fahrtaufzeichnung

Blatt 8

Kraftfahrzeugart   **Privatwagen** ☐

LKW, PKW, Krad......?   **Dienstwagen** ☐

                                                          CarSharing ☐

Fahrzeugdaten   **Rent a Car** ☐

Zugfahrzeug Fabrikat/Typ	Kennzeichen	Fahrzeughalter
Gesamtgewicht	Ladung	**Gefahrgut** ☐
Anhänger Fabrikat/Typ	Kennzeichen	Fahrzeughalter
Gesamtgewicht	Ladung	**Gefahrgut** ☐

Fahrtzweck, Schäden und Bemerkungen

eintragen Fahrtzweck, Auftrag, , Gefahrgut, Bemerkungen wie Unfall,...

Fahrt

Fahrtbeginn		Reiseweg	Fahrtende	
Dienstfahrt	☐		Privat	☐
Start	KM		Ende	KM
Datum & Zeit			Datum & Zeit	
Dienstfahrt	☐		Privat	☐
Start	KM		Ende	KM
Datum & Zeit			Datum & Zeit	
Dienstfahrt	☐		Privat	☐
Start	KM		Ende	KM
Datum & Zeit			Datum & Zeit	

Fahrtkosten

Datum	Artikel, Dienstleistung	Betrag	Währung
Datum	Artikel, Dienstleistung	Betrag	Währung

Fahrtaufzeichnung

Blatt 9

Kraftfahrzeugart

LKW, PKW, Krad.....?

Fahrzeugdaten

Privatwagen ☐
Dienstwagen ☐
CarSharing ☐
Rent a Car ☐

Zugfahrzeug Fabrikat/Typ	Kennzeichen	Fahrzeughalter
Gesamtgewicht	Ladung	**Gefahrgut** ☐
Anhänger Fabrikat/Typ	Kennzeichen	Fahrzeughalter
Gesamtgewicht	Ladung	**Gefahrgut** ☐

Fahrtzweck, Schäden und Bemerkungen

eintragen Fahrtzweck, Auftrag, , Gefahrgut,
Bemerkungen wie Unfall,...

Fahrt

Fahrtbeginn		Reiseweg	Fahrtende	
Dienstfahrt	☐		Privat	☐
Start	KM		Ende	KM
Datum & Zeit			Datum & Zeit	
Dienstfahrt	☐		Privat	☐
Start	KM		Ende	KM
Datum & Zeit			Datum & Zeit	
Dienstfahrt	☐		Privat	☐
Start	KM		Ende	KM
Datum & Zeit			Datum & Zeit	

Fahrtkosten

Datum	Artikel, Dienstleistung	Betrag	Währung
Datum	Artikel, Dienstleistung	Betrag	Währung

Fahrtaufzeichnung

Blatt 10

Kraftfahrzeugart

LKW, PKW, Krad.....?

Fahrzeugdaten

Privatwagen	☐
Dienstwagen	☐
CarSharing	☐
Rent a Car	☐

Zugfahrzeug Fabrikat/Typ	Kennzeichen	Fahrzeughalter
Gesamtgewicht	Ladung	**Gefahrgut** ☐
Anhänger Fabrikat/Typ	Kennzeichen	Fahrzeughalter
Gesamtgewicht	Ladung	**Gefahrgut** ☐

Fahrtzweck, Schäden und Bemerkungen

eintragen Fahrtzweck, Auftrag, , Gefahrgut, Bemerkungen wie Unfall,...

Fahrt

Fahrtbeginn		**Reiseweg**	**Fahrtende**	
Dienstfahrt	☐		Privat	☐
Start	KM		Ende	KM
Datum & Zeit			Datum & Zeit	
Dienstfahrt	☐		Privat	☐
Start	KM		Ende	KM
Datum & Zeit			Datum & Zeit	
Dienstfahrt	☐		Privat	☐
Start	KM		Ende	KM
Datum & Zeit			Datum & Zeit	

Fahrtkosten

Datum	Artikel, Dienstleistung	Betrag	Währung
Datum	Artikel, Dienstleistung	Betrag	Währung

20

Fahrtaufzeichnung

Blatt 11

Kraftfahrzeugart		Privatwagen ☐
LKW, PKW, Krad.....?		Dienstwagen ☐
		CarSharing ☐
Fahrzeugdaten		Rent a Car ☐

Zugfahrzeug Fabrikat/Typ	Kennzeichen	Fahrzeughalter
Gesamtgewicht	Ladung	Gefahrgut ☐
Anhänger Fabrikat/Typ	Kennzeichen	Fahrzeughalter
Gesamtgewicht	Ladung	Gefahrgut ☐

Fahrtzweck, Schäden und Bemerkungen

eintragen Fahrtzweck, Auftrag, , Gefahrgut,
Bemerkungen wie Unfall,...

Fahrt

Fahrtbeginn		Reiseweg	Fahrtende	
Dienstfahrt	☐		Privat	☐
Start	KM		Ende	KM
Datum & Zeit			Datum & Zeit	
Dienstfahrt	☐		Privat	☐
Start	KM		Ende	KM
Datum & Zeit			Datum & Zeit	
Dienstfahrt	☐		Privat	☐
Start	KM		Ende	KM
Datum & Zeit			Datum & Zeit	

Fahrtkosten

Datum	Artikel, Dienstleistung	Betrag	Währung
Datum	Artikel, Dienstleistung	Betrag	Währung

Fahrtaufzeichnung

Blatt 12

Kraftfahrzeugart		Privatwagen ☐
		Dienstwagen ☐
LKW, PKW, Krad.....?		CarSharing ☐
Fahrzeugdaten		Rent a Car ☐

Zugfahrzeug Fabrikat/Typ	Kennzeichen	Fahrzeughalter
Gesamtgewicht	Ladung	**Gefahrgut** ☐
Anhänger Fabrikat/Typ	Kennzeichen	Fahrzeughalter
Gesamtgewicht	Ladung	**Gefahrgut** ☐

Fahrtzweck, Schäden und Bemerkungen

eintragen Fahrtzweck, Auftrag, , Gefahrgut,
Bemerkungen wie Unfall,...

Fahrt

Fahrtbeginn		Reiseweg	Fahrtende	
Dienstfahrt	☐		Privat	☐
Start	KM		Ende	KM
Datum & Zeit			Datum & Zeit	
Dienstfahrt	☐		Privat	☐
Start	KM		Ende	KM
Datum & Zeit			Datum & Zeit	
Dienstfahrt	☐		Privat	☐
Start	KM		Ende	KM
Datum & Zeit			Datum & Zeit	

Fahrtkosten

Datum	Artikel, Dienstleistung	Betrag	Währung
Datum	Artikel, Dienstleistung	Betrag	Währung

Fahrtaufzeichnung

Blatt 13

Kraftfahrzeugart

LKW, PKW, Krad.....?

Fahrzeugdaten

Privatwagen	☐
Dienstwagen	☐
CarSharing	☐
Rent a Car	☐

Zugfahrzeug Fabrikat/Typ	Kennzeichen	Fahrzeughalter
Gesamtgewicht	Ladung	**Gefahrgut** ☐
Anhänger Fabrikat/Typ	Kennzeichen	Fahrzeughalter
Gesamtgewicht	Ladung	**Gefahrgut** ☐

Fahrtzweck, Schäden und Bemerkungen

eintragen Fahrtzweck, Auftrag, , Gefahrgut, Bemerkungen wie Unfall,...

Fahrt

Fahrtbeginn		Reiseweg	Fahrtende	
Dienstfahrt	☐		Privat	☐
Start	KM		Ende	KM
Datum & Zeit			Datum & Zeit	
Dienstfahrt	☐		Privat	☐
Start	KM		Ende	KM
Datum & Zeit			Datum & Zeit	
Dienstfahrt	☐		Privat	☐
Start	KM		Ende	KM
Datum & Zeit			Datum & Zeit	

Fahrtkosten

Datum	Artikel, Dienstleistung	Betrag	Währung
Datum	Artikel, Dienstleistung	Betrag	Währung

Fahrtaufzeichnung
Blatt 14

Kraftfahrzeugart   **Privatwagen** ☐

LKW, PKW, Krad.....?   **Dienstwagen** ☐

                                        CarSharing ☐

Fahrzeugdaten   **Rent a Car** ☐

Zugfahrzeug Fabrikat/Typ	Kennzeichen	Fahrzeughalter
Gesamtgewicht	Ladung	**Gefahrgut** ☐
Anhänger Fabrikat/Typ	Kennzeichen	Fahrzeughalter
Gesamtgewicht	Ladung	**Gefahrgut** ☐

Fahrtzweck, Schäden und Bemerkungen

eintragen Fahrtzweck, Auftrag, , Gefahrgut, Bemerkungen wie Unfall,...

Fahrt

Fahrtbeginn		Reiseweg	Fahrtende	
Dienstfahrt	☐		Privat	☐
Start	KM		Ende	KM
Datum & Zeit			Datum & Zeit	
Dienstfahrt	☐		Privat	☐
Start	KM		Ende	KM
Datum & Zeit			Datum & Zeit	
Dienstfahrt	☐		Privat	☐
Start	KM		Ende	KM
Datum & Zeit			Datum & Zeit	

Fahrtkosten

Datum	Artikel, Dienstleistung	Betrag	Währung
Datum	Artikel, Dienstleistung	Betrag	Währung

24

Fahrtaufzeichnung

Blatt 15

Kraftfahrzeugart		Privatwagen ☐
LKW, PKW, Krad.....?		Dienstwagen ☐
		CarSharing ☐
Fahrzeugdaten		Rent a Car ☐

Zugfahrzeug Fabrikat/Typ	Kennzeichen	Fahrzeughalter
Gesamtgewicht	Ladung	Gefahrgut ☐
Anhänger Fabrikat/Typ	Kennzeichen	Fahrzeughalter
Gesamtgewicht	Ladung	Gefahrgut ☐

Fahrtzweck, Schäden und Bemerkungen

eintragen Fahrtzweck, Auftrag, , Gefahrgut,
Bemerkungen wie Unfall,...

Fahrt

Fahrtbeginn		Reiseweg	Fahrtende	
Dienstfahrt	☐		Privat	☐
Start	KM		Ende	KM
Datum & Zeit			Datum & Zeit	
Dienstfahrt	☐		Privat	☐
Start	KM		Ende	KM
Datum & Zeit			Datum & Zeit	
Dienstfahrt	☐		Privat	☐
Start	KM		Ende	KM
Datum & Zeit			Datum & Zeit	

Fahrtkosten

Datum	Artikel, Dienstleistung	Betrag	Währung
Datum	Artikel, Dienstleistung	Betrag	Währung

Fahrtaufzeichnung
Blatt 16

Kraftfahrzeugart   **Privatwagen** ☐

LKW, PKW, Krad.....?   **Dienstwagen** ☐

                                        CarSharing ☐

Fahrzeugdaten   **Rent a Car** ☐

Zugfahrzeug Fabrikat/Typ	Kennzeichen	Fahrzeughalter
Gesamtgewicht	Ladung	**Gefahrgut** ☐
Anhänger Fabrikat/Typ	Kennzeichen	Fahrzeughalter
Gesamtgewicht	Ladung	**Gefahrgut** ☐

Fahrtzweck, Schäden und Bemerkungen

eintragen Fahrtzweck, Auftrag, , Gefahrgut,
Bemerkungen wie Unfall,...

Fahrt

Fahrtbeginn		Reiseweg	Fahrtende	
Dienstfahrt	☐		Privat	☐
Start	KM		Ende	KM
Datum & Zeit			Datum & Zeit	
Dienstfahrt	☐		Privat	☐
Start	KM		Ende	KM
Datum & Zeit			Datum & Zeit	
Dienstfahrt	☐		Privat	☐
Start	KM		Ende	KM
Datum & Zeit			Datum & Zeit	

Fahrtkosten

Datum	Artikel, Dienstleistung	Betrag	Währung
Datum	Artikel, Dienstleistung	Betrag	Währung

Fahrtaufzeichnung

Blatt 17

Kraftfahrzeugart		Privatwagen ☐
LKW, PKW, Krad.....?		Dienstwagen ☐
		CarSharing ☐
Fahrzeugdaten		Rent a Car ☐

Zugfahrzeug Fabrikat/Typ	Kennzeichen	Fahrzeughalter
Gesamtgewicht	Ladung	**Gefahrgut ☐**
Anhänger Fabrikat/Typ	Kennzeichen	Fahrzeughalter
Gesamtgewicht	Ladung	**Gefahrgut ☐**

Fahrtzweck, Schäden und Bemerkungen

eintragen Fahrtzweck, Auftrag, , Gefahrgut, Bemerkungen wie Unfall,...

Fahrt

Fahrtbeginn		Reiseweg	Fahrtende	
Dienstfahrt	☐		Privat	☐
Start	KM		Ende	KM
Datum & Zeit			Datum & Zeit	
Dienstfahrt	☐		Privat	☐
Start	KM		Ende	KM
Datum & Zeit			Datum & Zeit	
Dienstfahrt	☐		Privat	☐
Start	KM		Ende	KM
Datum & Zeit			Datum & Zeit	

Fahrtkosten

Datum	Artikel, Dienstleistung	Betrag	Währung
Datum	Artikel, Dienstleistung	Betrag	Währung

Fahrtaufzeichnung

Blatt 18

Kraftfahrzeugart

LKW, PKW, Krad.....?

Privatwagen ☐
Dienstwagen ☐
CarSharing ☐

Fahrzeugdaten

Rent a Car ☐

Zugfahrzeug Fabrikat/Typ	Kennzeichen	Fahrzeughalter
Gesamtgewicht	Ladung	**Gefahrgut** ☐
Anhänger Fabrikat/Typ	Kennzeichen	Fahrzeughalter
Gesamtgewicht	Ladung	**Gefahrgut** ☐

Fahrtzweck, Schäden und Bemerkungen

eintragen Fahrtzweck, Auftrag, , Gefahrgut, Bemerkungen wie Unfall,...

Fahrt

Fahrtbeginn	**Reiseweg**	**Fahrtende**	
Dienstfahrt ☐		Privat	☐
Start KM		Ende	KM
Datum & Zeit		Datum & Zeit	
Dienstfahrt ☐		Privat	☐
Start KM		Ende	KM
Datum & Zeit		Datum & Zeit	
Dienstfahrt ☐		Privat	☐
Start KM		Ende	KM
Datum & Zeit		Datum & Zeit	

Fahrtkosten

Datum	Artikel, Dienstleistung	Betrag	Währung
Datum	Artikel, Dienstleistung	Betrag	Währung

Fahrtaufzeichnung

Blatt 19

Kraftfahrzeugart

LKW, PKW, Krad.....?

Privatwagen	☐
Dienstwagen	☐
CarSharing	☐

Fahrzeugdaten Rent a Car ☐

Zugfahrzeug Fabrikat/Typ	Kennzeichen	Fahrzeughalter
Gesamtgewicht	Ladung	**Gefahrgut** ☐
Anhänger Fabrikat/Typ	Kennzeichen	Fahrzeughalter
Gesamtgewicht	Ladung	**Gefahrgut** ☐

Fahrtzweck, Schäden und Bemerkungen

eintragen Fahrtzweck, Auftrag, , Gefahrgut, Bemerkungen wie Unfall,...

Fahrt

Fahrtbeginn	Reiseweg	**Fahrtende**
Dienstfahrt ☐		Privat ☐
Start KM		Ende KM
Datum & Zeit		Datum & Zeit
Dienstfahrt ☐		Privat ☐
Start KM		Ende KM
Datum & Zeit		Datum & Zeit
Dienstfahrt ☐		Privat ☐
Start KM		Ende KM
Datum & Zeit		Datum & Zeit

Fahrtkosten

Datum	Artikel, Dienstleistung	Betrag	Währung
Datum	Artikel, Dienstleistung	Betrag	Währung

Fahrtaufzeichnung

Blatt 20

Kraftfahrzeugart   **Privatwagen** ☐

LKW, PKW, Krad.....?   **Dienstwagen** ☐

                                        CarSharing ☐

Fahrzeugdaten   **Rent a Car** ☐

Zugfahrzeug Fabrikat/Typ	Kennzeichen	Fahrzeughalter
Gesamtgewicht	Ladung	**Gefahrgut** ☐
Anhänger Fabrikat/Typ	Kennzeichen	Fahrzeughalter
Gesamtgewicht	Ladung	**Gefahrgut** ☐

Fahrtzweck, Schäden und Bemerkungen

eintragen Fahrtzweck, Auftrag, , Gefahrgut, Bemerkungen wie Unfall,...

Fahrt

Fahrtbeginn		Reiseweg	Fahrtende	
Dienstfahrt	☐		Privat	☐
Start	KM		Ende	KM
Datum & Zeit			Datum & Zeit	
Dienstfahrt	☐		Privat	☐
Start	KM		Ende	KM
Datum & Zeit			Datum & Zeit	
Dienstfahrt	☐		Privat	☐
Start	KM		Ende	KM
Datum & Zeit			Datum & Zeit	

Fahrtkosten

Datum	Artikel, Dienstleistung	Betrag	Währung
Datum	Artikel, Dienstleistung	Betrag	Währung

Fahrtaufzeichnung

Blatt 21

Kraftfahrzeugart	**Privatwagen** ☐

LKW, PKW, Krad.....?

Dienstwagen ☐
CarSharing ☐

Fahrzeugdaten	**Rent a Car** ☐

Zugfahrzeug Fabrikat/Typ	Kennzeichen	Fahrzeughalter
Gesamtgewicht	Ladung	**Gefahrgut** ☐
Anhänger Fabrikat/Typ	Kennzeichen	Fahrzeughalter
Gesamtgewicht	Ladung	**Gefahrgut** ☐

Fahrtzweck, Schäden und Bemerkungen

eintragen Fahrtzweck, Auftrag, , Gefahrgut,
Bemerkungen wie Unfall,...

Fahrt

Fahrtbeginn	**Reiseweg**	**Fahrtende**	
Dienstfahrt ☐		Privat	☐
Start KM		Ende	KM
Datum & Zeit		Datum & Zeit	
Dienstfahrt ☐		Privat	☐
Start KM		Ende	KM
Datum & Zeit		Datum & Zeit	
Dienstfahrt ☐		Privat	☐
Start KM		Ende	KM
Datum & Zeit		Datum & Zeit	

Fahrtkosten

Datum	Artikel, Dienstleistung	Betrag	Währung
Datum	Artikel, Dienstleistung	Betrag	Währung

Fahrtaufzeichnung

Blatt 22

Kraftfahrzeugart

LKW, PKW, Krad.....?

Fahrzeugdaten

Privatwagen	☐
Dienstwagen	☐
CarSharing	☐
Rent a Car	☐

Zugfahrzeug Fabrikat/Typ	Kennzeichen	Fahrzeughalter
Gesamtgewicht	Ladung	**Gefahrgut** ☐
Anhänger Fabrikat/Typ	Kennzeichen	Fahrzeughalter
Gesamtgewicht	Ladung	**Gefahrgut** ☐

Fahrtzweck, Schäden und Bemerkungen

eintragen Fahrtzweck, Auftrag, , Gefahrgut, Bemerkungen wie Unfall,...

Fahrt

Fahrtbeginn	**Reiseweg**	**Fahrtende**	
Dienstfahrt ☐		Privat	☐
Start KM		Ende	KM
Datum & Zeit		Datum & Zeit	
Dienstfahrt ☐		Privat	☐
Start KM		Ende	KM
Datum & Zeit		Datum & Zeit	
Dienstfahrt ☐		Privat	☐
Start KM		Ende	KM
Datum & Zeit		Datum & Zeit	

Fahrtkosten

Datum	Artikel, Dienstleistung	Betrag	Währung
Datum	Artikel, Dienstleistung	Betrag	Währung

Fahrtaufzeichnung

Blatt 23

Kraftfahrzeugart

LKW, PKW, Krad.....?

Privatwagen	☐
Dienstwagen	☐
CarSharing	☐

Fahrzeugdaten Rent a Car ☐

Zugfahrzeug Fabrikat/Typ	Kennzeichen	Fahrzeughalter
Gesamtgewicht	Ladung	**Gefahrgut** ☐
Anhänger Fabrikat/Typ	Kennzeichen	Fahrzeughalter
Gesamtgewicht	Ladung	**Gefahrgut** ☐

Fahrtzweck, Schäden und Bemerkungen

eintragen Fahrtzweck, Auftrag, , Gefahrgut, Bemerkungen wie Unfall,...

Fahrt

Fahrtbeginn		Reiseweg	Fahrtende	
Dienstfahrt	☐		Privat	☐
Start	KM		Ende	KM
Datum & Zeit			Datum & Zeit	
Dienstfahrt	☐		Privat	☐
Start	KM		Ende	KM
Datum & Zeit			Datum & Zeit	
Dienstfahrt	☐		Privat	☐
Start	KM		Ende	KM
Datum & Zeit			Datum & Zeit	

Fahrtkosten

Datum	Artikel, Dienstleistung	Betrag	Währung
Datum	Artikel, Dienstleistung	Betrag	Währung

Fahrtaufzeichnung

Blatt 24

Kraftfahrzeugart

LKW, PKW, Krad.....?

Privatwagen	☐
Dienstwagen	☐
CarSharing	☐

Fahrzeugdaten Rent a Car ☐

Zugfahrzeug Fabrikat/Typ	Kennzeichen	Fahrzeughalter
Gesamtgewicht	Ladung	**Gefahrgut** ☐
Anhänger Fabrikat/Typ	Kennzeichen	Fahrzeughalter
Gesamtgewicht	Ladung	**Gefahrgut** ☐

Fahrtzweck, Schäden und Bemerkungen

eintragen Fahrtzweck, Auftrag, , Gefahrgut,
Bemerkungen wie Unfall,...

Fahrt

Fahrtbeginn		**Reiseweg**	**Fahrtende**	
Dienstfahrt	☐		Privat	☐
Start	KM		Ende	KM
Datum & Zeit			Datum & Zeit	
Dienstfahrt	☐		Privat	☐
Start	KM		Ende	KM
Datum & Zeit			Datum & Zeit	
Dienstfahrt	☐		Privat	☐
Start	KM		Ende	KM
Datum & Zeit			Datum & Zeit	

Fahrtkosten

Datum	Artikel, Dienstleistung	Betrag	Währung
Datum	Artikel, Dienstleistung	Betrag	Währung

Fahrtaufzeichnung

Blatt 25

Kraftfahrzeugart		Privatwagen ☐
LKW, PKW, Krad.....?		Dienstwagen ☐
		CarSharing ☐
Fahrzeugdaten		Rent a Car ☐

Zugfahrzeug Fabrikat/Typ	Kennzeichen	Fahrzeughalter
Gesamtgewicht	Ladung	**Gefahrgut** ☐
Anhänger Fabrikat/Typ	Kennzeichen	Fahrzeughalter
Gesamtgewicht	Ladung	**Gefahrgut** ☐

Fahrtzweck, Schäden und Bemerkungen

eintragen Fahrtzweck, Auftrag, , Gefahrgut, Bemerkungen wie Unfall,...

Fahrt

Fahrtbeginn		Reiseweg	Fahrtende	
Dienstfahrt	☐		Privat	☐
Start	KM		Ende	KM
Datum & Zeit			Datum & Zeit	
Dienstfahrt	☐		Privat	☐
Start	KM		Ende	KM
Datum & Zeit			Datum & Zeit	
Dienstfahrt	☐		Privat	☐
Start	KM		Ende	KM
Datum & Zeit			Datum & Zeit	

Fahrtkosten

Datum	Artikel, Dienstleistung	Betrag	Währung
Datum	Artikel, Dienstleistung	Betrag	Währung

Fahrtaufzeichnung
Blatt 26

Kraftfahrzeugart   **Privatwagen** ☐
                                Dienstwagen ☐
LKW, PKW, Krad.....?   **CarSharing** ☐
Fahrzeugdaten   **Rent a Car** ☐

Zugfahrzeug Fabrikat/Typ	Kennzeichen	Fahrzeughalter
Gesamtgewicht	Ladung	**Gefahrgut** ☐
Anhänger Fabrikat/Typ	Kennzeichen	Fahrzeughalter
Gesamtgewicht	Ladung	**Gefahrgut** ☐

Fahrtzweck, Schäden und Bemerkungen

eintragen Fahrtzweck, Auftrag, , Gefahrgut,
Bemerkungen wie Unfall,...

Fahrt

Fahrtbeginn	**Reiseweg**	**Fahrtende**
Dienstfahrt ☐		Privat ☐
Start KM		Ende KM
Datum & Zeit		Datum & Zeit
Dienstfahrt ☐		Privat ☐
Start KM		Ende KM
Datum & Zeit		Datum & Zeit
Dienstfahrt ☐		Privat ☐
Start KM		Ende KM
Datum & Zeit		Datum & Zeit

Fahrtkosten

Datum	Artikel, Dienstleistung	Betrag	Währung
Datum	Artikel, Dienstleistung	Betrag	Währung

Fahrtaufzeichnung

Blatt 27

Kraftfahrzeugart		Privatwagen ☐
		Dienstwagen ☐

LKW, PKW, Krad.....?

CarSharing ☐

Fahrzeugdaten   Rent a Car ☐

Zugfahrzeug Fabrikat/Typ	Kennzeichen	Fahrzeughalter
Gesamtgewicht	Ladung	**Gefahrgut** ☐
Anhänger Fabrikat/Typ	Kennzeichen	Fahrzeughalter
Gesamtgewicht	Ladung	**Gefahrgut** ☐

Fahrtzweck, Schäden und Bemerkungen

eintragen Fahrtzweck, Auftrag, , Gefahrgut, Bemerkungen wie Unfall,...

Fahrt

Fahrtbeginn	Reiseweg	Fahrtende
Dienstfahrt ☐		Privat ☐
Start KM		Ende KM
Datum & Zeit		Datum & Zeit
Dienstfahrt ☐		Privat ☐
Start KM		Ende KM
Datum & Zeit		Datum & Zeit
Dienstfahrt ☐		Privat ☐
Start KM		Ende KM
Datum & Zeit		Datum & Zeit

Fahrtkosten

Datum	Artikel, Dienstleistung	Betrag	Währung
Datum	Artikel, Dienstleistung	Betrag	Währung

Fahrtaufzeichnung
Blatt 28

Kraftfahrzeugart		**Privatwagen** ☐
LKW, PKW, Krad.....?		**Dienstwagen** ☐
		CarSharing ☐
Fahrzeugdaten		**Rent a Car** ☐

Zugfahrzeug Fabrikat/Typ	Kennzeichen	Fahrzeughalter
Gesamtgewicht	Ladung	**Gefahrgut** ☐
Anhänger Fabrikat/Typ	Kennzeichen	Fahrzeughalter
Gesamtgewicht	Ladung	**Gefahrgut** ☐

Fahrtzweck, Schäden und Bemerkungen

eintragen Fahrtzweck, Auftrag, , Gefahrgut, Bemerkungen wie Unfall,...

Fahrt

Fahrtbeginn		**Reiseweg**	**Fahrtende**	
Dienstfahrt	☐		Privat	☐
Start	KM		Ende	KM
Datum & Zeit			Datum & Zeit	
Dienstfahrt	☐		Privat	☐
Start	KM		Ende	KM
Datum & Zeit			Datum & Zeit	
Dienstfahrt	☐		Privat	☐
Start	KM		Ende	KM
Datum & Zeit			Datum & Zeit	

Fahrtkosten

Datum	Artikel, Dienstleistung	Betrag	Währung
Datum	Artikel, Dienstleistung	Betrag	Währung

Fahrtaufzeichnung

Blatt 29

Kraftfahrzeugart

LKW, PKW, Krad.....?

Fahrzeugdaten

Privatwagen	☐
Dienstwagen	☐
CarSharing	☐
Rent a Car	☐

Zugfahrzeug Fabrikat/Typ	Kennzeichen	Fahrzeughalter
Gesamtgewicht	Ladung	**Gefahrgut** ☐
Anhänger Fabrikat/Typ	Kennzeichen	Fahrzeughalter
Gesamtgewicht	Ladung	**Gefahrgut** ☐

Fahrtzweck, Schäden und Bemerkungen

eintragen Fahrtzweck, Auftrag, , Gefahrgut,
Bemerkungen wie Unfall,...

Fahrt

Fahrtbeginn		Reiseweg	Fahrtende	
Dienstfahrt	☐		Privat	☐
Start	KM		Ende	KM
Datum & Zeit			Datum & Zeit	
Dienstfahrt	☐		Privat	☐
Start	KM		Ende	KM
Datum & Zeit			Datum & Zeit	
Dienstfahrt	☐		Privat	☐
Start	KM		Ende	KM
Datum & Zeit			Datum & Zeit	

Fahrtkosten

Datum	Artikel, Dienstleistung	Betrag	Währung
Datum	Artikel, Dienstleistung	Betrag	Währung

Fahrtaufzeichnung

Blatt 30

Kraftfahrzeugart

LKW, PKW, Krad.....?

Privatwagen	☐
Dienstwagen	☐
CarSharing	☐

Fahrzeugdaten   Rent a Car ☐

Zugfahrzeug Fabrikat/Typ	Kennzeichen	Fahrzeughalter
Gesamtgewicht	Ladung	**Gefahrgut** ☐
Anhänger Fabrikat/Typ	Kennzeichen	Fahrzeughalter
Gesamtgewicht	Ladung	**Gefahrgut** ☐

Fahrtzweck, Schäden und Bemerkungen

eintragen Fahrtzweck, Auftrag, , Gefahrgut, Bemerkungen wie Unfall,...

Fahrt

Fahrtbeginn	Reiseweg	Fahrtende
Dienstfahrt ☐		Privat ☐
Start KM		Ende KM
Datum & Zeit		Datum & Zeit
Dienstfahrt ☐		Privat ☐
Start KM		Ende KM
Datum & Zeit		Datum & Zeit
Dienstfahrt ☐		Privat ☐
Start KM		Ende KM
Datum & Zeit		Datum & Zeit

Fahrtkosten

Datum	Artikel, Dienstleistung	Betrag	Währung
Datum	Artikel, Dienstleistung	Betrag	Währung

Fahrtaufzeichnung

Blatt 31

Kraftfahrzeugart   **Privatwagen** ☐

LKW, PKW, Krad.....?   **Dienstwagen** ☐

                                 CarSharing ☐

Fahrzeugdaten   **Rent a Car** ☐

Zugfahrzeug Fabrikat/Typ	Kennzeichen	Fahrzeughalter
Gesamtgewicht	Ladung	**Gefahrgut** ☐
Anhänger Fabrikat/Typ	Kennzeichen	Fahrzeughalter
Gesamtgewicht	Ladung	**Gefahrgut** ☐

Fahrtzweck, Schäden und Bemerkungen

eintragen Fahrtzweck, Auftrag, , Gefahrgut,
Bemerkungen wie Unfall,...

Fahrt

Fahrtbeginn		Reiseweg	Fahrtende	
Dienstfahrt	☐		Privat	☐
Start	KM		Ende	KM
Datum & Zeit			Datum & Zeit	
Dienstfahrt	☐		Privat	☐
Start	KM		Ende	KM
Datum & Zeit			Datum & Zeit	
Dienstfahrt	☐		Privat	☐
Start	KM		Ende	KM
Datum & Zeit			Datum & Zeit	

Fahrtkosten

Datum	Artikel, Dienstleistung	Betrag	Währung
Datum	Artikel, Dienstleistung	Betrag	Währung

Fahrtaufzeichnung

Blatt 32

Kraftfahrzeugart	Privatwagen ☐
LKW, PKW, Krad.....?	Dienstwagen ☐
	CarSharing ☐
Fahrzeugdaten	Rent a Car ☐

Zugfahrzeug Fabrikat/Typ	Kennzeichen	Fahrzeughalter
Gesamtgewicht	Ladung	**Gefahrgut** ☐
Anhänger Fabrikat/Typ	Kennzeichen	Fahrzeughalter
Gesamtgewicht	Ladung	**Gefahrgut** ☐

Fahrtzweck, Schäden und Bemerkungen

eintragen Fahrtzweck, Auftrag, , Gefahrgut, Bemerkungen wie Unfall,...

Fahrt

Fahrtbeginn	Reiseweg	Fahrtende
Dienstfahrt ☐		Privat ☐
Start KM		Ende KM
Datum & Zeit		Datum & Zeit
Dienstfahrt ☐		Privat ☐
Start KM		Ende KM
Datum & Zeit		Datum & Zeit
Dienstfahrt ☐		Privat ☐
Start KM		Ende KM
Datum & Zeit		Datum & Zeit

Fahrtkosten

Datum	Artikel, Dienstleistung	Betrag	Währung
Datum	Artikel, Dienstleistung	Betrag	Währung

Fahrtaufzeichnung

Blatt 33

Kraftfahrzeugart

LKW, PKW, Krad.....?

Privatwagen	☐
Dienstwagen	☐
CarSharing	☐

Fahrzeugdaten   **Rent a Car** ☐

Zugfahrzeug Fabrikat/Typ	Kennzeichen	Fahrzeughalter
Gesamtgewicht	Ladung	**Gefahrgut** ☐
Anhänger Fabrikat/Typ	Kennzeichen	Fahrzeughalter
Gesamtgewicht	Ladung	**Gefahrgut** ☐

Fahrtzweck, Schäden und Bemerkungen

eintragen Fahrtzweck, Auftrag, , Gefahrgut,
Bemerkungen wie Unfall,...

Fahrt

Fahrtbeginn	**Reiseweg**	**Fahrtende**	
Dienstfahrt ☐		Privat	☐
Start KM		Ende KM	
Datum & Zeit		Datum & Zeit	
Dienstfahrt ☐		Privat	☐
Start KM		Ende KM	
Datum & Zeit		Datum & Zeit	
Dienstfahrt ☐		Privat	☐
Start KM		Ende KM	
Datum & Zeit		Datum & Zeit	

Fahrtkosten

Datum	Artikel, Dienstleistung	Betrag	Währung
Datum	Artikel, Dienstleistung	Betrag	Währung

Fahrtaufzeichnung

Blatt 34

Kraftfahrzeugart

LKW, PKW, Krad.....?

Fahrzeugdaten

Privatwagen	☐
Dienstwagen	☐
CarSharing	☐
Rent a Car	☐

Zugfahrzeug Fabrikat/Typ	Kennzeichen	Fahrzeughalter
Gesamtgewicht	Ladung	**Gefahrgut** ☐
Anhänger Fabrikat/Typ	Kennzeichen	Fahrzeughalter
Gesamtgewicht	Ladung	**Gefahrgut** ☐

Fahrtzweck, Schäden und Bemerkungen

eintragen Fahrtzweck, Auftrag, , Gefahrgut, Bemerkungen wie Unfall,...

Fahrt

Fahrtbeginn	**Reiseweg**	**Fahrtende**	
Dienstfahrt ☐		Privat	☐
Start KM		Ende	KM
Datum & Zeit		Datum & Zeit	
Dienstfahrt ☐		Privat	☐
Start KM		Ende	KM
Datum & Zeit		Datum & Zeit	
Dienstfahrt ☐		Privat	☐
Start KM		Ende	KM
Datum & Zeit		Datum & Zeit	

Fahrtkosten

Datum	Artikel, Dienstleistung	Betrag	Währung
Datum	Artikel, Dienstleistung	Betrag	Währung

Fahrtaufzeichnung

Blatt 35

Kraftfahrzeugart

LKW, PKW, Krad.....?

Fahrzeugdaten

Privatwagen	☐
Dienstwagen	☐
CarSharing	☐
Rent a Car	☐

Zugfahrzeug Fabrikat/Typ	Kennzeichen	Fahrzeughalter
Gesamtgewicht	Ladung	**Gefahrgut ☐**
Anhänger Fabrikat/Typ	Kennzeichen	Fahrzeughalter
Gesamtgewicht	Ladung	**Gefahrgut ☐**

Fahrtzweck, Schäden und Bemerkungen

eintragen Fahrtzweck, Auftrag, , Gefahrgut, Bemerkungen wie Unfall,...

Fahrt

Fahrtbeginn		Reiseweg	Fahrtende	
Dienstfahrt	☐		Privat	☐
Start	KM		Ende	KM
Datum & Zeit			Datum & Zeit	
Dienstfahrt	☐		Privat	☐
Start	KM		Ende	KM
Datum & Zeit			Datum & Zeit	
Dienstfahrt	☐		Privat	☐
Start	KM		Ende	KM
Datum & Zeit			Datum & Zeit	

Fahrtkosten

Datum	Artikel, Dienstleistung	Betrag	Währung
Datum	Artikel, Dienstleistung	Betrag	Währung

Fahrtaufzeichnung

Blatt 36

Kraftfahrzeugart

LKW, PKW, Krad.....?

Fahrzeugdaten

Privatwagen	☐
Dienstwagen	☐
CarSharing	☐
Rent a Car	☐

Zugfahrzeug Fabrikat/Typ	Kennzeichen	Fahrzeughalter
Gesamtgewicht	Ladung	**Gefahrgut** ☐
Anhänger Fabrikat/Typ	Kennzeichen	Fahrzeughalter
Gesamtgewicht	Ladung	**Gefahrgut** ☐

Fahrtzweck, Schäden und Bemerkungen

eintragen Fahrtzweck, Auftrag, , Gefahrgut, Bemerkungen wie Unfall,...

Fahrt

Fahrtbeginn	**Reiseweg**	**Fahrtende**	
Dienstfahrt ☐		Privat	☐
Start KM		Ende	KM
Datum & Zeit		Datum & Zeit	
Dienstfahrt ☐		Privat	☐
Start KM		Ende	KM
Datum & Zeit		Datum & Zeit	
Dienstfahrt ☐		Privat	☐
Start KM		Ende	KM
Datum & Zeit		Datum & Zeit	

Fahrtkosten

Datum	Artikel, Dienstleistung	Betrag	Währung
Datum	Artikel, Dienstleistung	Betrag	Währung

Fahrtaufzeichnung

Blatt 37

Kraftfahrzeugart

LKW, PKW, Krad......?

Fahrzeugdaten

Privatwagen	☐
Dienstwagen	☐
CarSharing	☐
Rent a Car	☐

Zugfahrzeug Fabrikat/Typ	Kennzeichen	Fahrzeughalter
Gesamtgewicht	Ladung	**Gefahrgut** ☐
Anhänger Fabrikat/Typ	Kennzeichen	Fahrzeughalter
Gesamtgewicht	Ladung	**Gefahrgut** ☐

Fahrtzweck, Schäden und Bemerkungen

eintragen Fahrtzweck, Auftrag, , Gefahrgut, Bemerkungen wie Unfall,...

Fahrt

Fahrtbeginn		Reiseweg	Fahrtende	
Dienstfahrt	☐		Privat	☐
Start	KM		Ende	KM
Datum & Zeit			Datum & Zeit	
Dienstfahrt	☐		Privat	☐
Start	KM		Ende	KM
Datum & Zeit			Datum & Zeit	
Dienstfahrt	☐		Privat	☐
Start	KM		Ende	KM
Datum & Zeit			Datum & Zeit	

Fahrtkosten

Datum	Artikel, Dienstleistung	Betrag	Währung
Datum	Artikel, Dienstleistung	Betrag	Währung

Fahrtaufzeichnung

Blatt 38

Kraftfahrzeugart

LKW, PKW, Krad......?

Fahrzeugdaten

Privatwagen	☐
Dienstwagen	☐
CarSharing	☐
Rent a Car	☐

Zugfahrzeug Fabrikat/Typ	Kennzeichen	Fahrzeughalter
Gesamtgewicht	Ladung	**Gefahrgut** ☐
Anhänger Fabrikat/Typ	Kennzeichen	Fahrzeughalter
Gesamtgewicht	Ladung	**Gefahrgut** ☐

Fahrtzweck, Schäden und Bemerkungen

eintragen Fahrtzweck, Auftrag, , Gefahrgut, Bemerkungen wie Unfall,...

Fahrt

Fahrtbeginn		Reiseweg	Fahrtende	
Dienstfahrt	☐		Privat	☐
Start	KM		Ende	KM
Datum & Zeit			Datum & Zeit	
Dienstfahrt	☐		Privat	☐
Start	KM		Ende	KM
Datum & Zeit			Datum & Zeit	
Dienstfahrt	☐		Privat	☐
Start	KM		Ende	KM
Datum & Zeit			Datum & Zeit	

Fahrtkosten

Datum	Artikel, Dienstleistung	Betrag	Währung
Datum	Artikel, Dienstleistung	Betrag	Währung

Fahrtaufzeichnung
Blatt 39

Kraftfahrzeugart   **Privatwagen** ☐

LKW, PKW, Krad.....?   **Dienstwagen** ☐

                               CarSharing ☐

Fahrzeugdaten   **Rent a Car** ☐

Zugfahrzeug Fabrikat/Typ	Kennzeichen	Fahrzeughalter
Gesamtgewicht	Ladung	**Gefahrgut** ☐
Anhänger Fabrikat/Typ	Kennzeichen	Fahrzeughalter
Gesamtgewicht	Ladung	**Gefahrgut** ☐

Fahrtzweck, Schäden und Bemerkungen

eintragen Fahrtzweck, Auftrag, , Gefahrgut, Bemerkungen wie Unfall,...

Fahrt

Fahrtbeginn	Reiseweg	Fahrtende	
Dienstfahrt ☐		Privat	☐
Start KM		Ende	KM
Datum & Zeit		Datum & Zeit	
Dienstfahrt ☐		Privat	☐
Start KM		Ende	KM
Datum & Zeit		Datum & Zeit	
Dienstfahrt ☐		Privat	☐
Start KM		Ende	KM
Datum & Zeit		Datum & Zeit	

Fahrtkosten

Datum	Artikel, Dienstleistung	Betrag	Währung
Datum	Artikel, Dienstleistung	Betrag	Währung

49

Fahrtaufzeichnung

Blatt 40

Kraftfahrzeugart

LKW, PKW, Krad.....?

Fahrzeugdaten

Privatwagen	☐
Dienstwagen	☐
CarSharing	☐
Rent a Car	☐

Zugfahrzeug Fabrikat/Typ	Kennzeichen	Fahrzeughalter
Gesamtgewicht	Ladung	**Gefahrgut** ☐
Anhänger Fabrikat/Typ	Kennzeichen	Fahrzeughalter
Gesamtgewicht	Ladung	**Gefahrgut** ☐

Fahrtzweck, Schäden und Bemerkungen

eintragen Fahrtzweck, Auftrag, , Gefahrgut, Bemerkungen wie Unfall,...

Fahrt

Fahrtbeginn	**Reiseweg**	**Fahrtende**	
Dienstfahrt ☐		Privat	☐
Start KM		Ende	KM
Datum & Zeit		Datum & Zeit	
Dienstfahrt ☐		Privat	☐
Start KM		Ende	KM
Datum & Zeit		Datum & Zeit	
Dienstfahrt ☐		Privat	☐
Start KM		Ende	KM
Datum & Zeit		Datum & Zeit	

Fahrtkosten

Datum	Artikel, Dienstleistung	Betrag	Währung
Datum	Artikel, Dienstleistung	Betrag	Währung

50

Fahrtaufzeichnung

Blatt 41

Kraftfahrzeugart		Privatwagen ☐
LKW, PKW, Krad.....?		Dienstwagen ☐
		CarSharing ☐
Fahrzeugdaten		Rent a Car ☐

Zugfahrzeug Fabrikat/Typ	Kennzeichen	Fahrzeughalter
Gesamtgewicht	Ladung	Gefahrgut ☐
Anhänger Fabrikat/Typ	Kennzeichen	Fahrzeughalter
Gesamtgewicht	Ladung	Gefahrgut ☐

Fahrtzweck, Schäden und Bemerkungen

eintragen Fahrtzweck, Auftrag, , Gefahrgut, Bemerkungen wie Unfall,...

Fahrt

Fahrtbeginn	Reiseweg	Fahrtende
Dienstfahrt ☐		Privat ☐
Start KM		Ende KM
Datum & Zeit		Datum & Zeit
Dienstfahrt ☐		Privat ☐
Start KM		Ende KM
Datum & Zeit		Datum & Zeit
Dienstfahrt ☐		Privat ☐
Start KM		Ende KM
Datum & Zeit		Datum & Zeit

Fahrtkosten

Datum	Artikel, Dienstleistung	Betrag	Währung
Datum	Artikel, Dienstleistung	Betrag	Währung

Fahrtaufzeichnung

Blatt 42

Kraftfahrzeugart   **Privatwagen** ☐

LKW, PKW, Krad.....?   **Dienstwagen** ☐

                                               CarSharing ☐

Fahrzeugdaten   **Rent a Car** ☐

Zugfahrzeug Fabrikat/Typ	Kennzeichen	Fahrzeughalter
Gesamtgewicht	Ladung	**Gefahrgut** ☐
Anhänger Fabrikat/Typ	Kennzeichen	Fahrzeughalter
Gesamtgewicht	Ladung	**Gefahrgut** ☐

Fahrtzweck, Schäden und Bemerkungen

eintragen Fahrtzweck, Auftrag, , Gefahrgut, Bemerkungen wie Unfall,...

Fahrt

Fahrtbeginn	Reiseweg	Fahrtende
Dienstfahrt ☐		Privat ☐
Start KM		Ende KM
Datum & Zeit		Datum & Zeit
Dienstfahrt ☐		Privat ☐
Start KM		Ende KM
Datum & Zeit		Datum & Zeit
Dienstfahrt ☐		Privat ☐
Start KM		Ende KM
Datum & Zeit		Datum & Zeit

Fahrtkosten

Datum	Artikel, Dienstleistung	Betrag	Währung
Datum	Artikel, Dienstleistung	Betrag	Währung

Fahrtaufzeichnung
Blatt 43

Kraftfahrzeugart

LKW, PKW, Krad.....?

Fahrzeugdaten

Privatwagen ☐
Dienstwagen ☐
CarSharing ☐
Rent a Car ☐

Zugfahrzeug Fabrikat/Typ	Kennzeichen	Fahrzeughalter
Gesamtgewicht	Ladung	**Gefahrgut** ☐
Anhänger Fabrikat/Typ	Kennzeichen	Fahrzeughalter
Gesamtgewicht	Ladung	**Gefahrgut** ☐

Fahrtzweck, Schäden und Bemerkungen

eintragen Fahrtzweck, Auftrag, , Gefahrgut, Bemerkungen wie Unfall,...

Fahrt

Fahrtbeginn		Reiseweg	Fahrtende	
Dienstfahrt	☐		Privat	☐
Start	KM		Ende	KM
Datum & Zeit			Datum & Zeit	
Dienstfahrt	☐		Privat	☐
Start	KM		Ende	KM
Datum & Zeit			Datum & Zeit	
Dienstfahrt	☐		Privat	☐
Start	KM		Ende	KM
Datum & Zeit			Datum & Zeit	

Fahrtkosten

Datum	Artikel, Dienstleistung	Betrag	Währung
Datum	Artikel, Dienstleistung	Betrag	Währung

Fahrtaufzeichnung

Blatt 44

Kraftfahrzeugart		Privatwagen ☐
		Dienstwagen ☐
LKW, PKW, Krad.....?		CarSharing ☐
Fahrzeugdaten		Rent a Car ☐

Zugfahrzeug Fabrikat/Typ	Kennzeichen	Fahrzeughalter
Gesamtgewicht	Ladung	Gefahrgut ☐
Anhänger Fabrikat/Typ	Kennzeichen	Fahrzeughalter
Gesamtgewicht	Ladung	Gefahrgut ☐

Fahrtzweck, Schäden und Bemerkungen

eintragen Fahrtzweck, Auftrag, , Gefahrgut, Bemerkungen wie Unfall,...

Fahrt

Fahrtbeginn		Reiseweg	Fahrtende	
Dienstfahrt	☐		Privat	☐
Start	KM		Ende	KM
Datum & Zeit			Datum & Zeit	
Dienstfahrt	☐		Privat	☐
Start	KM		Ende	KM
Datum & Zeit			Datum & Zeit	
Dienstfahrt	☐		Privat	☐
Start	KM		Ende	KM
Datum & Zeit			Datum & Zeit	

Fahrtkosten

Datum	Artikel, Dienstleistung	Betrag	Währung
Datum	Artikel, Dienstleistung	Betrag	Währung

Fahrtaufzeichnung

Blatt 45

Kraftfahrzeugart

LKW, PKW, Krad.....?

Fahrzeugdaten

Privatwagen	☐
Dienstwagen	☐
CarSharing	☐
Rent a Car	☐

Zugfahrzeug Fabrikat/Typ	Kennzeichen	Fahrzeughalter
Gesamtgewicht	Ladung	**Gefahrgut** ☐
Anhänger Fabrikat/Typ	Kennzeichen	Fahrzeughalter
Gesamtgewicht	Ladung	**Gefahrgut** ☐

Fahrtzweck, Schäden und Bemerkungen

eintragen Fahrtzweck, Auftrag, , Gefahrgut, Bemerkungen wie Unfall,...

Fahrt

Fahrtbeginn		Reiseweg	Fahrtende	
Dienstfahrt	☐		Privat	☐
Start	KM		Ende	KM
Datum & Zeit			Datum & Zeit	
Dienstfahrt	☐		Privat	☐
Start	KM		Ende	KM
Datum & Zeit			Datum & Zeit	
Dienstfahrt	☐		Privat	☐
Start	KM		Ende	KM
Datum & Zeit			Datum & Zeit	

Fahrtkosten

Datum	Artikel, Dienstleistung	Betrag	Währung
Datum	Artikel, Dienstleistung	Betrag	Währung

Fahrtaufzeichnung

Blatt 46

Kraftfahrzeugart		**Privatwagen** ☐
LKW, PKW, Krad.....?		**Dienstwagen** ☐
		CarSharing ☐
Fahrzeugdaten		**Rent a Car** ☐

Zugfahrzeug Fabrikat/Typ	Kennzeichen	Fahrzeughalter
Gesamtgewicht	Ladung	**Gefahrgut** ☐
Anhänger Fabrikat/Typ	Kennzeichen	Fahrzeughalter
Gesamtgewicht	Ladung	**Gefahrgut** ☐

Fahrtzweck, Schäden und Bemerkungen

eintragen Fahrtzweck, Auftrag, , Gefahrgut, Bemerkungen wie Unfall,...

Fahrt

Fahrtbeginn	**Reiseweg**	**Fahrtende**
Dienstfahrt ☐		Privat ☐
Start KM		Ende KM
Datum & Zeit		Datum & Zeit
Dienstfahrt ☐		Privat ☐
Start KM		Ende KM
Datum & Zeit		Datum & Zeit
Dienstfahrt ☐		Privat ☐
Start KM		Ende KM
Datum & Zeit		Datum & Zeit

Fahrtkosten

Datum	Artikel, Dienstleistung	Betrag	Währung
Datum	Artikel, Dienstleistung	Betrag	Währung

Fahrtaufzeichnung

Blatt 47

Kraftfahrzeugart

LKW, PKW, Krad.....?

Fahrzeugdaten

Privatwagen	☐
Dienstwagen	☐
CarSharing	☐
Rent a Car	☐

Zugfahrzeug Fabrikat/Typ	Kennzeichen	Fahrzeughalter
Gesamtgewicht	Ladung	**Gefahrgut ☐**
Anhänger Fabrikat/Typ	Kennzeichen	Fahrzeughalter
Gesamtgewicht	Ladung	**Gefahrgut ☐**

Fahrtzweck, Schäden und Bemerkungen

eintragen Fahrtzweck, Auftrag, , Gefahrgut,
Bemerkungen wie Unfall,...

Fahrt

Fahrtbeginn		Reiseweg	Fahrtende	
Dienstfahrt	☐		Privat	☐
Start	KM		Ende	KM
Datum & Zeit			Datum & Zeit	
Dienstfahrt	☐		Privat	☐
Start	KM		Ende	KM
Datum & Zeit			Datum & Zeit	
Dienstfahrt	☐		Privat	☐
Start	KM		Ende	KM
Datum & Zeit			Datum & Zeit	

Fahrtkosten

Datum	Artikel, Dienstleistung	Betrag	Währung
Datum	Artikel, Dienstleistung	Betrag	Währung

Fahrtaufzeichnung
Blatt 48

Kraftfahrzeugart   **Privatwagen** ☐

LKW, PKW, Krad.....?   **Dienstwagen** ☐

                                        CarSharing ☐

Fahrzeugdaten   **Rent a Car** ☐

Zugfahrzeug Fabrikat/Typ	Kennzeichen	Fahrzeughalter
Gesamtgewicht	Ladung	**Gefahrgut** ☐
Anhänger Fabrikat/Typ	Kennzeichen	Fahrzeughalter
Gesamtgewicht	Ladung	**Gefahrgut** ☐

Fahrtzweck, Schäden und Bemerkungen

eintragen Fahrtzweck, Auftrag, , Gefahrgut, Bemerkungen wie Unfall,...

Fahrt

Fahrtbeginn	**Reiseweg**	**Fahrtende**	
Dienstfahrt ☐		Privat	☐
Start KM		Ende	KM
Datum & Zeit		Datum & Zeit	
Dienstfahrt ☐		Privat	☐
Start KM		Ende	KM
Datum & Zeit		Datum & Zeit	
Dienstfahrt ☐		Privat	☐
Start KM		Ende	KM
Datum & Zeit		Datum & Zeit	

Fahrtkosten

Datum	Artikel, Dienstleistung	Betrag	Währung
Datum	Artikel, Dienstleistung	Betrag	Währung

Fahrtaufzeichnung

Blatt 49

Kraftfahrzeugart

LKW, PKW, Krad.....?

Fahrzeugdaten

Privatwagen	☐
Dienstwagen	☐
CarSharing	☐
Rent a Car	☐

Zugfahrzeug Fabrikat/Typ	Kennzeichen	Fahrzeughalter
Gesamtgewicht	Ladung	**Gefahrgut** ☐
Anhänger Fabrikat/Typ	Kennzeichen	Fahrzeughalter
Gesamtgewicht	Ladung	**Gefahrgut** ☐

Fahrtzweck, Schäden und Bemerkungen

eintragen Fahrtzweck, Auftrag, , Gefahrgut, Bemerkungen wie Unfall,...

Fahrt

Fahrtbeginn		Reiseweg	Fahrtende	
Dienstfahrt	☐		Privat	☐
Start	KM		Ende	KM
Datum & Zeit			Datum & Zeit	
Dienstfahrt	☐		Privat	☐
Start	KM		Ende	KM
Datum & Zeit			Datum & Zeit	
Dienstfahrt	☐		Privat	☐
Start	KM		Ende	KM
Datum & Zeit			Datum & Zeit	

Fahrtkosten

Datum	Artikel, Dienstleistung	Betrag	Währung
Datum	Artikel, Dienstleistung	Betrag	Währung

59

Fahrtaufzeichnung

Blatt 50

Kraftfahrzeugart		**Privatwagen** ☐
LKW, PKW, Krad.....?		**Dienstwagen** ☐
		CarSharing ☐
Fahrzeugdaten		**Rent a Car** ☐

Zugfahrzeug Fabrikat/Typ	Kennzeichen	Fahrzeughalter
Gesamtgewicht	Ladung	**Gefahrgut** ☐
Anhänger Fabrikat/Typ	Kennzeichen	Fahrzeughalter
Gesamtgewicht	Ladung	**Gefahrgut** ☐

Fahrtzweck, Schäden und Bemerkungen

eintragen Fahrtzweck, Auftrag, , Gefahrgut, Bemerkungen wie Unfall,...

Fahrt

Fahrtbeginn		**Reiseweg**	**Fahrtende**	
Dienstfahrt	☐		Privat	☐
Start	KM		Ende	KM
Datum & Zeit			Datum & Zeit	
Dienstfahrt	☐		Privat	☐
Start	KM		Ende	KM
Datum & Zeit			Datum & Zeit	
Dienstfahrt	☐		Privat	☐
Start	KM		Ende	KM
Datum & Zeit			Datum & Zeit	

Fahrtkosten

Datum	Artikel, Dienstleistung	Betrag	Währung
Datum	Artikel, Dienstleistung	Betrag	Währung

60

Fahrtaufzeichnung

Blatt 51

Kraftfahrzeugart		Privatwagen ☐
LKW, PKW, Krad.....?		Dienstwagen ☐
		CarSharing ☐
Fahrzeugdaten		Rent a Car ☐

Zugfahrzeug Fabrikat/Typ	Kennzeichen	Fahrzeughalter
Gesamtgewicht	Ladung	**Gefahrgut** ☐
Anhänger Fabrikat/Typ	Kennzeichen	Fahrzeughalter
Gesamtgewicht	Ladung	**Gefahrgut** ☐

Fahrtzweck, Schäden und Bemerkungen

eintragen Fahrtzweck, Auftrag, , Gefahrgut, Bemerkungen wie Unfall,...

Fahrt

Fahrtbeginn		Reiseweg	Fahrtende	
Dienstfahrt	☐		Privat	☐
Start	KM		Ende	KM
Datum & Zeit			Datum & Zeit	
Dienstfahrt	☐		Privat	☐
Start	KM		Ende	KM
Datum & Zeit			Datum & Zeit	
Dienstfahrt	☐		Privat	☐
Start	KM		Ende	KM
Datum & Zeit			Datum & Zeit	

Fahrtkosten

Datum	Artikel, Dienstleistung	Betrag	Währung
Datum	Artikel, Dienstleistung	Betrag	Währung

61

Fahrtaufzeichnung

Blatt 52

Kraftfahrzeugart

LKW, PKW, Krad.....?

Privatwagen	☐
Dienstwagen	☐
CarSharing	☐
Rent a Car	☐

Fahrzeugdaten

Zugfahrzeug Fabrikat/Typ	Kennzeichen	Fahrzeughalter
Gesamtgewicht	Ladung	**Gefahrgut** ☐
Anhänger Fabrikat/Typ	Kennzeichen	Fahrzeughalter
Gesamtgewicht	Ladung	**Gefahrgut** ☐

Fahrtzweck, Schäden und Bemerkungen

eintragen Fahrtzweck, Auftrag, , Gefahrgut, Bemerkungen wie Unfall,...

Fahrt

Fahrtbeginn		Reiseweg	Fahrtende	
Dienstfahrt	☐		Privat	☐
Start	KM		Ende	KM
Datum & Zeit			Datum & Zeit	
Dienstfahrt	☐		Privat	☐
Start	KM		Ende	KM
Datum & Zeit			Datum & Zeit	
Dienstfahrt	☐		Privat	☐
Start	KM		Ende	KM
Datum & Zeit			Datum & Zeit	

Fahrtkosten

Datum	Artikel, Dienstleistung	Betrag	Währung
Datum	Artikel, Dienstleistung	Betrag	Währung

Fahrtaufzeichnung

Blatt 53

Kraftfahrzeugart		Privatwagen ☐
LKW, PKW, Krad.....?		**Dienstwagen** ☐
		CarSharing ☐
Fahrzeugdaten		Rent a Car ☐

Zugfahrzeug Fabrikat/Typ	Kennzeichen	Fahrzeughalter
Gesamtgewicht	Ladung	**Gefahrgut** ☐
Anhänger Fabrikat/Typ	Kennzeichen	Fahrzeughalter
Gesamtgewicht	Ladung	**Gefahrgut** ☐

Fahrtzweck, Schäden und Bemerkungen

eintragen Fahrtzweck, Auftrag, , Gefahrgut, Bemerkungen wie Unfall,...

Fahrt

Fahrtbeginn	Reiseweg	Fahrtende
Dienstfahrt ☐		Privat ☐
Start KM		Ende KM
Datum & Zeit		Datum & Zeit
Dienstfahrt ☐		Privat ☐
Start KM		Ende KM
Datum & Zeit		Datum & Zeit
Dienstfahrt ☐		Privat ☐
Start KM		Ende KM
Datum & Zeit		Datum & Zeit

Fahrtkosten

Datum	Artikel, Dienstleistung	Betrag	Währung
Datum	Artikel, Dienstleistung	Betrag	Währung

63

Fahrtaufzeichnung

Blatt 54

Kraftfahrzeugart		Privatwagen ☐
LKW, PKW, Krad.....?		Dienstwagen ☐
		CarSharing ☐
Fahrzeugdaten		Rent a Car ☐

Zugfahrzeug Fabrikat/Typ	Kennzeichen	Fahrzeughalter
Gesamtgewicht	Ladung	**Gefahrgut** ☐
Anhänger Fabrikat/Typ	Kennzeichen	Fahrzeughalter
Gesamtgewicht	Ladung	**Gefahrgut** ☐

Fahrtzweck, Schäden und Bemerkungen

eintragen Fahrtzweck, Auftrag, , Gefahrgut,
Bemerkungen wie Unfall,...

Fahrt

Fahrtbeginn		Reiseweg	Fahrtende	
Dienstfahrt	☐		Privat	☐
Start	KM		Ende	KM
Datum & Zeit			Datum & Zeit	
Dienstfahrt	☐		Privat	☐
Start	KM		Ende	KM
Datum & Zeit			Datum & Zeit	
Dienstfahrt	☐		Privat	☐
Start	KM		Ende	KM
Datum & Zeit			Datum & Zeit	

Fahrtkosten

Datum	Artikel, Dienstleistung	Betrag	Währung
Datum	Artikel, Dienstleistung	Betrag	Währung

Fahrtaufzeichnung

Blatt 55

Kraftfahrzeugart

LKW, PKW, Krad.....?

Fahrzeugdaten

Privatwagen	☐
Dienstwagen	☐
CarSharing	☐
Rent a Car	☐

Zugfahrzeug Fabrikat/Typ	Kennzeichen	Fahrzeughalter
Gesamtgewicht	Ladung	**Gefahrgut** ☐
Anhänger Fabrikat/Typ	Kennzeichen	Fahrzeughalter
Gesamtgewicht	Ladung	**Gefahrgut** ☐

Fahrtzweck, Schäden und Bemerkungen

eintragen Fahrtzweck, Auftrag, , Gefahrgut, Bemerkungen wie Unfall,...

Fahrt

Fahrtbeginn		Reiseweg	Fahrtende	
Dienstfahrt	☐		Privat	☐
Start	KM		Ende	KM
Datum & Zeit			Datum & Zeit	
Dienstfahrt	☐		Privat	☐
Start	KM		Ende	KM
Datum & Zeit			Datum & Zeit	
Dienstfahrt	☐		Privat	☐
Start	KM		Ende	KM
Datum & Zeit			Datum & Zeit	

Fahrtkosten

Datum	Artikel, Dienstleistung	Betrag	Währung
Datum	Artikel, Dienstleistung	Betrag	Währung

Fahrtaufzeichnung

Blatt 56

Kraftfahrzeugart   **Privatwagen** ☐

LKW, PKW, Krad.....?   **Dienstwagen** ☐

                                                      CarSharing ☐

Fahrzeugdaten   **Rent a Car** ☐

Zugfahrzeug Fabrikat/Typ	Kennzeichen	Fahrzeughalter
Gesamtgewicht	Ladung	**Gefahrgut** ☐
Anhänger Fabrikat/Typ	Kennzeichen	Fahrzeughalter
Gesamtgewicht	Ladung	**Gefahrgut** ☐

Fahrtzweck, Schäden und Bemerkungen

eintragen Fahrtzweck, Auftrag, , Gefahrgut, Bemerkungen wie Unfall,...

Fahrt

Fahrtbeginn	Reiseweg	**Fahrtende**	
Dienstfahrt ☐		Privat	☐
Start KM		Ende	KM
Datum & Zeit		Datum & Zeit	
Dienstfahrt ☐		Privat	☐
Start KM		Ende	KM
Datum & Zeit		Datum & Zeit	
Dienstfahrt ☐		Privat	☐
Start KM		Ende	KM
Datum & Zeit		Datum & Zeit	

Fahrtkosten

Datum	Artikel, Dienstleistung	Betrag	Währung
Datum	Artikel, Dienstleistung	Betrag	Währung

Fahrtaufzeichnung

Blatt 57

Kraftfahrzeugart	Privatwagen ☐
LKW, PKW, Krad.....?	Dienstwagen ☐
	CarSharing ☐
Fahrzeugdaten	Rent a Car ☐

Zugfahrzeug Fabrikat/Typ	Kennzeichen	Fahrzeughalter
Gesamtgewicht	Ladung	**Gefahrgut** ☐
Anhänger Fabrikat/Typ	Kennzeichen	Fahrzeughalter
Gesamtgewicht	Ladung	**Gefahrgut** ☐

Fahrtzweck, Schäden und Bemerkungen

eintragen Fahrtzweck, Auftrag, , Gefahrgut,
Bemerkungen wie Unfall,...

Fahrt

Fahrtbeginn		Reiseweg	Fahrtende	
Dienstfahrt	☐		Privat	☐
Start	KM		Ende	KM
Datum & Zeit			Datum & Zeit	
Dienstfahrt	☐		Privat	☐
Start	KM		Ende	KM
Datum & Zeit			Datum & Zeit	
Dienstfahrt	☐		Privat	☐
Start	KM		Ende	KM
Datum & Zeit			Datum & Zeit	

Fahrtkosten

Datum	Artikel, Dienstleistung	Betrag	Währung
Datum	Artikel, Dienstleistung	Betrag	Währung

Fahrtaufzeichnung
Blatt 58

Kraftfahrzeugart

LKW, PKW, Krad.....?

Fahrzeugdaten

Privatwagen	☐
Dienstwagen	☐
CarSharing	☐
Rent a Car	☐

Zugfahrzeug Fabrikat/Typ	Kennzeichen	Fahrzeughalter
Gesamtgewicht	Ladung	**Gefahrgut** ☐
Anhänger Fabrikat/Typ	Kennzeichen	Fahrzeughalter
Gesamtgewicht	Ladung	**Gefahrgut** ☐

Fahrtzweck, Schäden und Bemerkungen

eintragen Fahrtzweck, Auftrag, , Gefahrgut, Bemerkungen wie Unfall,...

Fahrt

Fahrtbeginn		Reiseweg	Fahrtende	
Dienstfahrt	☐		Privat	☐
Start	KM		Ende	KM
Datum & Zeit			Datum & Zeit	
Dienstfahrt	☐		Privat	☐
Start	KM		Ende	KM
Datum & Zeit			Datum & Zeit	
Dienstfahrt	☐		Privat	☐
Start	KM		Ende	KM
Datum & Zeit			Datum & Zeit	

Fahrtkosten

Datum	Artikel, Dienstleistung	Betrag	Währung
Datum	Artikel, Dienstleistung	Betrag	Währung

Fahrtaufzeichnung

Blatt 59

Kraftfahrzeugart

LKW, PKW, Krad.....?

Fahrzeugdaten

Privatwagen ☐
Dienstwagen ☐
CarSharing ☐
Rent a Car ☐

Zugfahrzeug Fabrikat/Typ	Kennzeichen	Fahrzeughalter
Gesamtgewicht	Ladung	**Gefahrgut** ☐
Anhänger Fabrikat/Typ	Kennzeichen	Fahrzeughalter
Gesamtgewicht	Ladung	**Gefahrgut** ☐

Fahrtzweck, Schäden und Bemerkungen

eintragen Fahrtzweck, Auftrag, , Gefahrgut,
Bemerkungen wie Unfall,...

Fahrt

Fahrtbeginn		Reiseweg	Fahrtende	
Dienstfahrt	☐		Privat	☐
Start	KM		Ende	KM
Datum & Zeit			Datum & Zeit	
Dienstfahrt	☐		Privat	☐
Start	KM		Ende	KM
Datum & Zeit			Datum & Zeit	
Dienstfahrt	☐		Privat	☐
Start	KM		Ende	KM
Datum & Zeit			Datum & Zeit	

Fahrtkosten

Datum	Artikel, Dienstleistung	Betrag	Währung
Datum	Artikel, Dienstleistung	Betrag	Währung

Fahrtaufzeichnung

Blatt 60

Kraftfahrzeugart   **Privatwagen** ☐

LKW, PKW, Krad.....?   **Dienstwagen** ☐

                                        CarSharing ☐

Fahrzeugdaten   **Rent a Car** ☐

Zugfahrzeug Fabrikat/Typ	Kennzeichen	Fahrzeughalter
Gesamtgewicht	Ladung	**Gefahrgut** ☐
Anhänger Fabrikat/Typ	Kennzeichen	Fahrzeughalter
Gesamtgewicht	Ladung	**Gefahrgut** ☐

Fahrtzweck, Schäden und Bemerkungen

eintragen Fahrtzweck, Auftrag, , Gefahrgut, Bemerkungen wie Unfall,...

Fahrt

Fahrtbeginn		**Reiseweg**	**Fahrtende**	
Dienstfahrt	☐		Privat	☐
Start	KM		Ende	KM
Datum & Zeit			Datum & Zeit	
Dienstfahrt	☐		Privat	☐
Start	KM		Ende	KM
Datum & Zeit			Datum & Zeit	
Dienstfahrt	☐		Privat	☐
Start	KM		Ende	KM
Datum & Zeit			Datum & Zeit	

Fahrtkosten

Datum	Artikel, Dienstleistung	Betrag	Währung
Datum	Artikel, Dienstleistung	Betrag	Währung

70

Fahrtaufzeichnung
Blatt 61

Kraftfahrzeugart   **Privatwagen** ☐

LKW, PKW, Krad.....?   **Dienstwagen** ☐

                                   CarSharing ☐

Fahrzeugdaten   **Rent a Car** ☐

Zugfahrzeug Fabrikat/Typ	Kennzeichen	Fahrzeughalter
Gesamtgewicht	Ladung	**Gefahrgut** ☐
Anhänger Fabrikat/Typ	Kennzeichen	Fahrzeughalter
Gesamtgewicht	Ladung	**Gefahrgut** ☐

Fahrtzweck, Schäden und Bemerkungen

eintragen Fahrtzweck, Auftrag, , Gefahrgut, Bemerkungen wie Unfall,...

Fahrt

Fahrtbeginn	Reiseweg	**Fahrtende**
Dienstfahrt ☐		Privat ☐
Start KM		Ende KM
Datum & Zeit		Datum & Zeit
Dienstfahrt ☐		Privat ☐
Start KM		Ende KM
Datum & Zeit		Datum & Zeit
Dienstfahrt ☐		Privat ☐
Start KM		Ende KM
Datum & Zeit		Datum & Zeit

Fahrtkosten

Datum	Artikel, Dienstleistung	Betrag	Währung
Datum	Artikel, Dienstleistung	Betrag	Währung

Fahrtaufzeichnung
Blatt 62

Kraftfahrzeugart	Privatwagen ☐
LKW, PKW, Krad.....?	Dienstwagen ☐
	CarSharing ☐
Fahrzeugdaten	Rent a Car ☐

Zugfahrzeug Fabrikat/Typ	Kennzeichen	Fahrzeughalter
Gesamtgewicht	Ladung	**Gefahrgut** ☐
Anhänger Fabrikat/Typ	Kennzeichen	Fahrzeughalter
Gesamtgewicht	Ladung	**Gefahrgut** ☐

Fahrtzweck, Schäden und Bemerkungen

eintragen Fahrtzweck, Auftrag, , Gefahrgut, Bemerkungen wie Unfall,...

Fahrt

Fahrtbeginn		Reiseweg	Fahrtende	
Dienstfahrt	☐		Privat	☐
Start	KM		Ende	KM
Datum & Zeit			Datum & Zeit	
Dienstfahrt	☐		Privat	☐
Start	KM		Ende	KM
Datum & Zeit			Datum & Zeit	
Dienstfahrt	☐		Privat	☐
Start	KM		Ende	KM
Datum & Zeit			Datum & Zeit	

Fahrtkosten

Datum	Artikel, Dienstleistung	Betrag	Währung
Datum	Artikel, Dienstleistung	Betrag	Währung

Fahrtaufzeichnung

Blatt 63

Kraftfahrzeugart   **Privatwagen** ☐

LKW, PKW, Krad.....?   **Dienstwagen** ☐

                                        CarSharing ☐

Fahrzeugdaten   **Rent a Car** ☐

Zugfahrzeug Fabrikat/Typ	Kennzeichen	Fahrzeughalter
Gesamtgewicht	Ladung	**Gefahrgut** ☐
Anhänger Fabrikat/Typ	Kennzeichen	Fahrzeughalter
Gesamtgewicht	Ladung	**Gefahrgut** ☐

Fahrtzweck, Schäden und Bemerkungen

eintragen Fahrtzweck, Auftrag, , Gefahrgut, Bemerkungen wie Unfall,...

Fahrt

Fahrtbeginn		Reiseweg	Fahrtende	
Dienstfahrt	☐		Privat	☐
Start	KM		Ende	KM
Datum & Zeit			Datum & Zeit	
Dienstfahrt	☐		Privat	☐
Start	KM		Ende	KM
Datum & Zeit			Datum & Zeit	
Dienstfahrt	☐		Privat	☐
Start	KM		Ende	KM
Datum & Zeit			Datum & Zeit	

Fahrtkosten

Datum	Artikel, Dienstleistung	Betrag	Währung
Datum	Artikel, Dienstleistung	Betrag	Währung

73

Fahrtaufzeichnung

Blatt 64

Kraftfahrzeugart		**Privatwagen** ☐
LKW, PKW, Krad.....?		**Dienstwagen** ☐
		CarSharing ☐
Fahrzeugdaten		**Rent a Car** ☐

Zugfahrzeug Fabrikat/Typ	Kennzeichen	Fahrzeughalter
Gesamtgewicht	Ladung	**Gefahrgut** ☐
Anhänger Fabrikat/Typ	Kennzeichen	Fahrzeughalter
Gesamtgewicht	Ladung	**Gefahrgut** ☐

Fahrtzweck, Schäden und Bemerkungen

eintragen Fahrtzweck, Auftrag, , Gefahrgut, Bemerkungen wie Unfall,...

Fahrt

Fahrtbeginn	**Reiseweg**	**Fahrtende**	
Dienstfahrt ☐		Privat	☐
Start KM		Ende	KM
Datum & Zeit		Datum & Zeit	
Dienstfahrt ☐		Privat	☐
Start KM		Ende	KM
Datum & Zeit		Datum & Zeit	
Dienstfahrt ☐		Privat	☐
Start KM		Ende	KM
Datum & Zeit		Datum & Zeit	

Fahrtkosten

Datum	Artikel, Dienstleistung	Betrag	Währung
Datum	Artikel, Dienstleistung	Betrag	Währung

Fahrtaufzeichnung

Blatt 65

Kraftfahrzeugart

LKW, PKW, Krad.....?

Fahrzeugdaten

Privatwagen	☐
Dienstwagen	☐
CarSharing	☐
Rent a Car	☐

Zugfahrzeug Fabrikat/Typ	Kennzeichen	Fahrzeughalter
Gesamtgewicht	Ladung	**Gefahrgut** ☐
Anhänger Fabrikat/Typ	Kennzeichen	Fahrzeughalter
Gesamtgewicht	Ladung	**Gefahrgut** ☐

Fahrtzweck, Schäden und Bemerkungen

eintragen Fahrtzweck, Auftrag, , Gefahrgut, Bemerkungen wie Unfall,...

Fahrt

Fahrtbeginn		Reiseweg	Fahrtende	
Dienstfahrt	☐		Privat	☐
Start	KM		Ende	KM
Datum & Zeit			Datum & Zeit	
Dienstfahrt	☐		Privat	☐
Start	KM		Ende	KM
Datum & Zeit			Datum & Zeit	
Dienstfahrt	☐		Privat	☐
Start	KM		Ende	KM
Datum & Zeit			Datum & Zeit	

Fahrtkosten

Datum	Artikel, Dienstleistung	Betrag	Währung
Datum	Artikel, Dienstleistung	Betrag	Währung

Fahrtaufzeichnung
Blatt 66

Kraftfahrzeugart   **Privatwagen** ☐

LKW, PKW, Krad.....?   **Dienstwagen** ☐

                                CarSharing ☐

Fahrzeugdaten   **Rent a Car** ☐

Zugfahrzeug Fabrikat/Typ	Kennzeichen	Fahrzeughalter
Gesamtgewicht	Ladung	**Gefahrgut** ☐
Anhänger Fabrikat/Typ	Kennzeichen	Fahrzeughalter
Gesamtgewicht	Ladung	**Gefahrgut** ☐

Fahrtzweck, Schäden und Bemerkungen

eintragen Fahrtzweck, Auftrag, , Gefahrgut, Bemerkungen wie Unfall,...

Fahrt

Fahrtbeginn	Reiseweg	**Fahrtende**
Dienstfahrt ☐		Privat ☐
Start KM		Ende KM
Datum & Zeit		Datum & Zeit
Dienstfahrt ☐		Privat ☐
Start KM		Ende KM
Datum & Zeit		Datum & Zeit
Dienstfahrt ☐		Privat ☐
Start KM		Ende KM
Datum & Zeit		Datum & Zeit

Fahrtkosten

Datum	Artikel, Dienstleistung	Betrag	Währung
Datum	Artikel, Dienstleistung	Betrag	Währung

Fahrtaufzeichnung

Blatt 67

Kraftfahrzeugart		Privatwagen ☐
LKW, PKW, Krad......?		Dienstwagen ☐
		CarSharing ☐
Fahrzeugdaten		Rent a Car ☐

Zugfahrzeug Fabrikat/Typ	Kennzeichen	Fahrzeughalter
Gesamtgewicht	Ladung	Gefahrgut ☐
Anhänger Fabrikat/Typ	Kennzeichen	Fahrzeughalter
Gesamtgewicht	Ladung	Gefahrgut ☐

Fahrtzweck, Schäden und Bemerkungen

eintragen Fahrtzweck, Auftrag, , Gefahrgut, Bemerkungen wie Unfall,...

Fahrt

Fahrtbeginn		Reiseweg	Fahrtende	
Dienstfahrt	☐		Privat	☐
Start	KM		Ende	KM
Datum & Zeit			Datum & Zeit	
Dienstfahrt	☐		Privat	☐
Start	KM		Ende	KM
Datum & Zeit			Datum & Zeit	
Dienstfahrt	☐		Privat	☐
Start	KM		Ende	KM
Datum & Zeit			Datum & Zeit	

Fahrtkosten

Datum	Artikel, Dienstleistung	Betrag	Währung
Datum	Artikel, Dienstleistung	Betrag	Währung

Fahrtaufzeichnung

Blatt 68

Kraftfahrzeugart

LKW, PKW, Krad.....?

Fahrzeugdaten

Privatwagen	☐
Dienstwagen	☐
CarSharing	☐
Rent a Car	☐

Zugfahrzeug Fabrikat/Typ	Kennzeichen	Fahrzeughalter
Gesamtgewicht	Ladung	**Gefahrgut** ☐
Anhänger Fabrikat/Typ	Kennzeichen	Fahrzeughalter
Gesamtgewicht	Ladung	**Gefahrgut** ☐

Fahrtzweck, Schäden und Bemerkungen

eintragen Fahrtzweck, Auftrag, , Gefahrgut, Bemerkungen wie Unfall,...

Fahrt

Fahrtbeginn	Reiseweg	**Fahrtende**
Dienstfahrt ☐		Privat ☐
Start KM		Ende KM
Datum & Zeit		Datum & Zeit
Dienstfahrt ☐		Privat ☐
Start KM		Ende KM
Datum & Zeit		Datum & Zeit
Dienstfahrt ☐		Privat ☐
Start KM		Ende KM
Datum & Zeit		Datum & Zeit

Fahrtkosten

Datum	Artikel, Dienstleistung	Betrag	Währung
Datum	Artikel, Dienstleistung	Betrag	Währung

78

Fahrtaufzeichnung

Blatt 69

Kraftfahrzeugart

LKW, PKW, Krad.....?

Privatwagen	☐
Dienstwagen	☐
CarSharing	☐

Fahrzeugdaten Rent a Car ☐

Zugfahrzeug Fabrikat/Typ	Kennzeichen	Fahrzeughalter
Gesamtgewicht	Ladung	**Gefahrgut** ☐
Anhänger Fabrikat/Typ	Kennzeichen	Fahrzeughalter
Gesamtgewicht	Ladung	**Gefahrgut** ☐

Fahrtzweck, Schäden und Bemerkungen

eintragen Fahrtzweck, Auftrag, , Gefahrgut,
Bemerkungen wie Unfall,...

Fahrt

Fahrtbeginn		Reiseweg	Fahrtende	
Dienstfahrt	☐		Privat	☐
Start	KM		Ende	KM
Datum & Zeit			Datum & Zeit	
Dienstfahrt	☐		Privat	☐
Start	KM		Ende	KM
Datum & Zeit			Datum & Zeit	
Dienstfahrt	☐		Privat	☐
Start	KM		Ende	KM
Datum & Zeit			Datum & Zeit	

Fahrtkosten

Datum	Artikel, Dienstleistung	Betrag	Währung
Datum	Artikel, Dienstleistung	Betrag	Währung

Fahrtaufzeichnung

Blatt 70

Kraftfahrzeugart		Privatwagen ☐
LKW, PKW, Krad.....?		Dienstwagen ☐
		CarSharing ☐
Fahrzeugdaten		Rent a Car ☐

Zugfahrzeug Fabrikat/Typ	Kennzeichen	Fahrzeughalter
Gesamtgewicht	Ladung	Gefahrgut ☐
Anhänger Fabrikat/Typ	Kennzeichen	Fahrzeughalter
Gesamtgewicht	Ladung	Gefahrgut ☐

Fahrtzweck, Schäden und Bemerkungen

eintragen Fahrtzweck, Auftrag, , Gefahrgut, Bemerkungen wie Unfall,...

Fahrt

Fahrtbeginn		Reiseweg	Fahrtende	
Dienstfahrt	☐		Privat	☐
Start	KM		Ende	KM
Datum & Zeit			Datum & Zeit	
Dienstfahrt	☐		Privat	☐
Start	KM		Ende	KM
Datum & Zeit			Datum & Zeit	
Dienstfahrt	☐		Privat	☐
Start	KM		Ende	KM
Datum & Zeit			Datum & Zeit	

Fahrtkosten

Datum	Artikel, Dienstleistung	Betrag	Währung
Datum	Artikel, Dienstleistung	Betrag	Währung

80

Fahrtaufzeichnung

Blatt 71

Kraftfahrzeugart

LKW, PKW, Krad.....?

Fahrzeugdaten

Privatwagen	☐
Dienstwagen	☐
CarSharing	☐
Rent a Car	☐

Zugfahrzeug Fabrikat/Typ	Kennzeichen	Fahrzeughalter
Gesamtgewicht	Ladung	**Gefahrgut** ☐
Anhänger Fabrikat/Typ	Kennzeichen	Fahrzeughalter
Gesamtgewicht	Ladung	**Gefahrgut** ☐

Fahrtzweck, Schäden und Bemerkungen

eintragen Fahrtzweck, Auftrag, , Gefahrgut, Bemerkungen wie Unfall,...

Fahrt

Fahrtbeginn		Reiseweg	Fahrtende	
Dienstfahrt	☐		Privat	☐
Start	KM		Ende	KM
Datum & Zeit			Datum & Zeit	
Dienstfahrt	☐		Privat	☐
Start	KM		Ende	KM
Datum & Zeit			Datum & Zeit	
Dienstfahrt	☐		Privat	☐
Start	KM		Ende	KM
Datum & Zeit			Datum & Zeit	

Fahrtkosten

Datum	Artikel, Dienstleistung	Betrag	Währung
Datum	Artikel, Dienstleistung	Betrag	Währung

Fahrtaufzeichnung

Blatt 72

Kraftfahrzeugart   **Privatwagen** ☐

LKW, PKW, Krad.....?   **Dienstwagen** ☐

                                CarSharing ☐

Fahrzeugdaten   **Rent a Car** ☐

Zugfahrzeug Fabrikat/Typ	Kennzeichen	Fahrzeughalter
Gesamtgewicht	Ladung	**Gefahrgut** ☐
Anhänger Fabrikat/Typ	Kennzeichen	Fahrzeughalter
Gesamtgewicht	Ladung	**Gefahrgut** ☐

Fahrtzweck, Schäden und Bemerkungen

eintragen Fahrtzweck, Auftrag, , Gefahrgut, Bemerkungen wie Unfall,...

Fahrt

Fahrtbeginn		Reiseweg	Fahrtende	
Dienstfahrt	☐		Privat	☐
Start	KM		Ende	KM
Datum & Zeit			Datum & Zeit	
Dienstfahrt	☐		Privat	☐
Start	KM		Ende	KM
Datum & Zeit			Datum & Zeit	
Dienstfahrt	☐		Privat	☐
Start	KM		Ende	KM
Datum & Zeit			Datum & Zeit	

Fahrtkosten

Datum	Artikel, Dienstleistung	Betrag	Währung
Datum	Artikel, Dienstleistung	Betrag	Währung

82

Fahrtaufzeichnung

Blatt 73

Kraftfahrzeugart		Privatwagen ☐
LKW, PKW, Krad.....?		Dienstwagen ☐
		CarSharing ☐
Fahrzeugdaten		Rent a Car ☐

Zugfahrzeug Fabrikat/Typ	Kennzeichen	Fahrzeughalter
Gesamtgewicht	Ladung	**Gefahrgut** ☐
Anhänger Fabrikat/Typ	Kennzeichen	Fahrzeughalter
Gesamtgewicht	Ladung	**Gefahrgut** ☐

Fahrtzweck, Schäden und Bemerkungen

eintragen Fahrtzweck, Auftrag, , Gefahrgut, Bemerkungen wie Unfall,...

Fahrt

Fahrtbeginn		Reiseweg	Fahrtende	
Dienstfahrt	☐		Privat	☐
Start	KM		Ende	KM
Datum & Zeit			Datum & Zeit	
Dienstfahrt	☐		Privat	☐
Start	KM		Ende	KM
Datum & Zeit			Datum & Zeit	
Dienstfahrt	☐		Privat	☐
Start	KM		Ende	KM
Datum & Zeit			Datum & Zeit	

Fahrtkosten

Datum	Artikel, Dienstleistung	Betrag	Währung
Datum	Artikel, Dienstleistung	Betrag	Währung

Fahrtaufzeichnung

Blatt 74

Kraftfahrzeugart

LKW, PKW, Krad.....?

Fahrzeugdaten

Privatwagen	☐
Dienstwagen	☐
CarSharing	☐
Rent a Car	☐

Zugfahrzeug Fabrikat/Typ	Kennzeichen	Fahrzeughalter
Gesamtgewicht	Ladung	**Gefahrgut** ☐
Anhänger Fabrikat/Typ	Kennzeichen	Fahrzeughalter
Gesamtgewicht	Ladung	**Gefahrgut** ☐

Fahrtzweck, Schäden und Bemerkungen

eintragen Fahrtzweck, Auftrag, , Gefahrgut, Bemerkungen wie Unfall,...

Fahrt

Fahrtbeginn		Reiseweg	Fahrtende	
Dienstfahrt	☐		Privat	☐
Start	KM		Ende	KM
Datum & Zeit			Datum & Zeit	
Dienstfahrt	☐		Privat	☐
Start	KM		Ende	KM
Datum & Zeit			Datum & Zeit	
Dienstfahrt	☐		Privat	☐
Start	KM		Ende	KM
Datum & Zeit			Datum & Zeit	

Fahrtkosten

Datum	Artikel, Dienstleistung	Betrag	Währung
Datum	Artikel, Dienstleistung	Betrag	Währung

Fahrtaufzeichnung
Blatt 75

Kraftfahrzeugart	Privatwagen ☐

LKW, PKW, Krad.....?

Dienstwagen ☐
CarSharing ☐

Fahrzeugdaten Rent a Car ☐

Zugfahrzeug Fabrikat/Typ	Kennzeichen	Fahrzeughalter
Gesamtgewicht	Ladung	**Gefahrgut** ☐
Anhänger Fabrikat/Typ	Kennzeichen	Fahrzeughalter
Gesamtgewicht	Ladung	**Gefahrgut** ☐

Fahrtzweck, Schäden und Bemerkungen

eintragen Fahrtzweck, Auftrag, , Gefahrgut,
Bemerkungen wie Unfall,...

Fahrt

Fahrtbeginn		Reiseweg	Fahrtende	
Dienstfahrt	☐		Privat	☐
Start	KM		Ende	KM
Datum & Zeit			Datum & Zeit	
Dienstfahrt	☐		Privat	☐
Start	KM		Ende	KM
Datum & Zeit			Datum & Zeit	
Dienstfahrt	☐		Privat	☐
Start	KM		Ende	KM
Datum & Zeit			Datum & Zeit	

Fahrtkosten

Datum	Artikel, Dienstleistung	Betrag	Währung
Datum	Artikel, Dienstleistung	Betrag	Währung

Fahrtaufzeichnung
Blatt 76

Kraftfahrzeugart   **Privatwagen** ☐

LKW, PKW, Krad.....?   **Dienstwagen** ☐

                                                                      CarSharing ☐

Fahrzeugdaten   **Rent a Car** ☐

Zugfahrzeug Fabrikat/Typ	Kennzeichen	Fahrzeughalter
Gesamtgewicht	Ladung	**Gefahrgut** ☐
Anhänger Fabrikat/Typ	Kennzeichen	Fahrzeughalter
Gesamtgewicht	Ladung	**Gefahrgut** ☐

Fahrtzweck, Schäden und Bemerkungen

eintragen Fahrtzweck, Auftrag, , Gefahrgut, Bemerkungen wie Unfall,...

Fahrt

Fahrtbeginn		Reiseweg	Fahrtende	
Dienstfahrt	☐		Privat	☐
Start	KM		Ende	KM
Datum & Zeit			Datum & Zeit	
Dienstfahrt	☐		Privat	☐
Start	KM		Ende	KM
Datum & Zeit			Datum & Zeit	
Dienstfahrt	☐		Privat	☐
Start	KM		Ende	KM
Datum & Zeit			Datum & Zeit	

Fahrtkosten

Datum	Artikel, Dienstleistung	Betrag	Währung
Datum	Artikel, Dienstleistung	Betrag	Währung

Fahrtaufzeichnung

Blatt 77

Kraftfahrzeugart

Privatwagen ☐

LKW, PKW, Krad.....?
Dienstwagen ☐

CarSharing ☐

Fahrzeugdaten
Rent a Car ☐

Zugfahrzeug Fabrikat/Typ	Kennzeichen	Fahrzeughalter
Gesamtgewicht	Ladung	**Gefahrgut** ☐
Anhänger Fabrikat/Typ	Kennzeichen	Fahrzeughalter
Gesamtgewicht	Ladung	**Gefahrgut** ☐

Fahrtzweck, Schäden und Bemerkungen

eintragen Fahrtzweck, Auftrag, , Gefahrgut,
Bemerkungen wie Unfall,...

Fahrt

Fahrtbeginn		Reiseweg	Fahrtende	
Dienstfahrt	☐		Privat	☐
Start	KM		Ende	KM
Datum & Zeit			Datum & Zeit	
Dienstfahrt	☐		Privat	☐
Start	KM		Ende	KM
Datum & Zeit			Datum & Zeit	
Dienstfahrt	☐		Privat	☐
Start	KM		Ende	KM
Datum & Zeit			Datum & Zeit	

Fahrtkosten

Datum	Artikel, Dienstleistung	Betrag	Währung
Datum	Artikel, Dienstleistung	Betrag	Währung

Fahrtaufzeichnung
Blatt 78

Kraftfahrzeugart

   LKW, PKW, Krad.....?

Privatwagen ☐
Dienstwagen ☐
CarSharing ☐
Rent a Car ☐

Fahrzeugdaten

Zugfahrzeug Fabrikat/Typ	Kennzeichen	Fahrzeughalter
Gesamtgewicht	Ladung	**Gefahrgut** ☐
Anhänger Fabrikat/Typ	Kennzeichen	Fahrzeughalter
Gesamtgewicht	Ladung	**Gefahrgut** ☐

Fahrtzweck, Schäden und Bemerkungen

   eintragen Fahrtzweck, Auftrag, , Gefahrgut,
   Bemerkungen wie Unfall,...

Fahrt

Fahrtbeginn	Reiseweg	**Fahrtende**
Dienstfahrt ☐		Privat ☐
Start KM		Ende KM
Datum & Zeit		Datum & Zeit
Dienstfahrt ☐		Privat ☐
Start KM		Ende KM
Datum & Zeit		Datum & Zeit
Dienstfahrt ☐		Privat ☐
Start KM		Ende KM
Datum & Zeit		Datum & Zeit

Fahrtkosten

Datum	Artikel, Dienstleistung	Betrag	Währung
Datum	Artikel, Dienstleistung	Betrag	Währung

Fahrtaufzeichnung

Blatt 79

Kraftfahrzeugart		Privatwagen	☐
LKW, PKW, Krad.....?		Dienstwagen	☐
		CarSharing	☐
Fahrzeugdaten		Rent a Car	☐

Zugfahrzeug Fabrikat/Typ	Kennzeichen	Fahrzeughalter
Gesamtgewicht	Ladung	**Gefahrgut** ☐
Anhänger Fabrikat/Typ	Kennzeichen	Fahrzeughalter
Gesamtgewicht	Ladung	**Gefahrgut** ☐

Fahrtzweck, Schäden und Bemerkungen

eintragen Fahrtzweck, Auftrag, , Gefahrgut, Bemerkungen wie Unfall,...

Fahrt

Fahrtbeginn		Reiseweg	Fahrtende	
Dienstfahrt	☐		Privat	☐
Start	KM		Ende	KM
Datum & Zeit			Datum & Zeit	
Dienstfahrt	☐		Privat	☐
Start	KM		Ende	KM
Datum & Zeit			Datum & Zeit	
Dienstfahrt	☐		Privat	☐
Start	KM		Ende	KM
Datum & Zeit			Datum & Zeit	

Fahrtkosten

Datum	Artikel, Dienstleistung	Betrag	Währung
Datum	Artikel, Dienstleistung	Betrag	Währung

Fahrtaufzeichnung

Blatt 80

Kraftfahrzeugart   **Privatwagen** ☐

LKW, PKW, Krad......?   **Dienstwagen** ☐

                                        CarSharing ☐

Fahrzeugdaten   **Rent a Car** ☐

Zugfahrzeug Fabrikat/Typ	Kennzeichen	Fahrzeughalter
Gesamtgewicht	Ladung	**Gefahrgut** ☐
Anhänger Fabrikat/Typ	Kennzeichen	Fahrzeughalter
Gesamtgewicht	Ladung	**Gefahrgut** ☐

Fahrtzweck, Schäden und Bemerkungen

eintragen Fahrtzweck, Auftrag, , Gefahrgut, Bemerkungen wie Unfall,...

Fahrt

Fahrtbeginn	Reiseweg	Fahrtende	
Dienstfahrt ☐		Privat	☐
Start KM		Ende	KM
Datum & Zeit		Datum & Zeit	
Dienstfahrt ☐		Privat	☐
Start KM		Ende	KM
Datum & Zeit		Datum & Zeit	
Dienstfahrt ☐		Privat	☐
Start KM		Ende	KM
Datum & Zeit		Datum & Zeit	

Fahrtkosten

Datum	Artikel, Dienstleistung	Betrag	Währung
Datum	Artikel, Dienstleistung	Betrag	Währung

Fahrtaufzeichnung

Blatt 81

Kraftfahrzeugart   **Privatwagen** ☐

LKW, PKW, Krad.....?   **Dienstwagen** ☐

                             CarSharing ☐

Fahrzeugdaten   **Rent a Car** ☐

Zugfahrzeug Fabrikat/Typ	Kennzeichen	Fahrzeughalter
Gesamtgewicht	Ladung	**Gefahrgut** ☐
Anhänger Fabrikat/Typ	Kennzeichen	Fahrzeughalter
Gesamtgewicht	Ladung	**Gefahrgut** ☐

Fahrtzweck, Schäden und Bemerkungen

eintragen Fahrtzweck, Auftrag, , Gefahrgut, Bemerkungen wie Unfall,...

Fahrt

Fahrtbeginn		Reiseweg	Fahrtende	
Dienstfahrt	☐		Privat	☐
Start	KM		Ende	KM
Datum & Zeit			Datum & Zeit	
Dienstfahrt	☐		Privat	☐
Start	KM		Ende	KM
Datum & Zeit			Datum & Zeit	
Dienstfahrt	☐		Privat	☐
Start	KM		Ende	KM
Datum & Zeit			Datum & Zeit	

Fahrtkosten

Datum	Artikel, Dienstleistung	Betrag	Währung
Datum	Artikel, Dienstleistung	Betrag	Währung

Fahrtaufzeichnung

Blatt 82

Kraftfahrzeugart		Privatwagen ☐

LKW, PKW, Krad.....?

Dienstwagen ☐
CarSharing ☐

Fahrzeugdaten   Rent a Car ☐

Zugfahrzeug Fabrikat/Typ	Kennzeichen	Fahrzeughalter
Gesamtgewicht	Ladung	**Gefahrgut** ☐
Anhänger Fabrikat/Typ	Kennzeichen	Fahrzeughalter
Gesamtgewicht	Ladung	**Gefahrgut** ☐

Fahrtzweck, Schäden und Bemerkungen

eintragen Fahrtzweck, Auftrag, , Gefahrgut, Bemerkungen wie Unfall,...

Fahrt

Fahrtbeginn		Reiseweg	Fahrtende	
Dienstfahrt	☐		Privat	☐
Start	KM		Ende	KM
Datum & Zeit			Datum & Zeit	
Dienstfahrt	☐		Privat	☐
Start	KM		Ende	KM
Datum & Zeit			Datum & Zeit	
Dienstfahrt	☐		Privat	☐
Start	KM		Ende	KM
Datum & Zeit			Datum & Zeit	

Fahrtkosten

Datum	Artikel, Dienstleistung	Betrag	Währung
Datum	Artikel, Dienstleistung	Betrag	Währung

Fahrtaufzeichnung

Blatt 83

Kraftfahrzeugart

LKW, PKW, Krad.....?

Fahrzeugdaten

Privatwagen	☐
Dienstwagen	☐
CarSharing	☐
Rent a Car	☐

Zugfahrzeug Fabrikat/Typ	Kennzeichen	Fahrzeughalter
Gesamtgewicht	Ladung	**Gefahrgut** ☐
Anhänger Fabrikat/Typ	Kennzeichen	Fahrzeughalter
Gesamtgewicht	Ladung	**Gefahrgut** ☐

Fahrtzweck, Schäden und Bemerkungen

eintragen Fahrtzweck, Auftrag, , Gefahrgut, Bemerkungen wie Unfall,...

Fahrt

Fahrtbeginn		Reiseweg	Fahrtende	
Dienstfahrt	☐		Privat	☐
Start	KM		Ende	KM
Datum & Zeit			Datum & Zeit	
Dienstfahrt	☐		Privat	☐
Start	KM		Ende	KM
Datum & Zeit			Datum & Zeit	
Dienstfahrt	☐		Privat	☐
Start	KM		Ende	KM
Datum & Zeit			Datum & Zeit	

Fahrtkosten

Datum	Artikel, Dienstleistung	Betrag	Währung
Datum	Artikel, Dienstleistung	Betrag	Währung

Fahrtaufzeichnung

Blatt 84

Kraftfahrzeugart   **Privatwagen** ☐

LKW, PKW, Krad.....?   **Dienstwagen** ☐

                                    CarSharing ☐

Fahrzeugdaten   Rent a Car ☐

Zugfahrzeug Fabrikat/Typ	Kennzeichen	Fahrzeughalter
Gesamtgewicht	Ladung	**Gefahrgut** ☐
Anhänger Fabrikat/Typ	Kennzeichen	Fahrzeughalter
Gesamtgewicht	Ladung	**Gefahrgut** ☐

Fahrtzweck, Schäden und Bemerkungen

eintragen Fahrtzweck, Auftrag, , Gefahrgut, Bemerkungen wie Unfall,...

Fahrt

Fahrtbeginn		Reiseweg	Fahrtende	
Dienstfahrt	☐		Privat	☐
Start	KM		Ende	KM
Datum & Zeit			Datum & Zeit	
Dienstfahrt	☐		Privat	☐
Start	KM		Ende	KM
Datum & Zeit			Datum & Zeit	
Dienstfahrt	☐		Privat	☐
Start	KM		Ende	KM
Datum & Zeit			Datum & Zeit	

Fahrtkosten

Datum	Artikel, Dienstleistung	Betrag	Währung
Datum	Artikel, Dienstleistung	Betrag	Währung

Fahrtaufzeichnung

Blatt 85

Kraftfahrzeugart   **Privatwagen** ☐

LKW, PKW, Krad.....?   **Dienstwagen** ☐

                                        CarSharing ☐

Fahrzeugdaten   **Rent a Car** ☐

Zugfahrzeug Fabrikat/Typ	Kennzeichen	Fahrzeughalter
Gesamtgewicht	Ladung	**Gefahrgut** ☐
Anhänger Fabrikat/Typ	Kennzeichen	Fahrzeughalter
Gesamtgewicht	Ladung	**Gefahrgut** ☐

Fahrtzweck, Schäden und Bemerkungen

eintragen Fahrtzweck, Auftrag, , Gefahrgut, Bemerkungen wie Unfall,...

Fahrt

Fahrtbeginn	**Reiseweg**	**Fahrtende**	
Dienstfahrt ☐		Privat	☐
Start KM		Ende	KM
Datum & Zeit		Datum & Zeit	
Dienstfahrt ☐		Privat	☐
Start KM		Ende	KM
Datum & Zeit		Datum & Zeit	
Dienstfahrt ☐		Privat	☐
Start KM		Ende	KM
Datum & Zeit		Datum & Zeit	

Fahrtkosten

Datum	Artikel, Dienstleistung	Betrag	Währung
Datum	Artikel, Dienstleistung	Betrag	Währung

Fahrtaufzeichnung
Blatt 86

Kraftfahrzeugart   **Privatwagen** ☐

LKW, PKW, Krad.....?   **Dienstwagen** ☐

     CarSharing ☐

Fahrzeugdaten   **Rent a Car** ☐

Zugfahrzeug Fabrikat/Typ	Kennzeichen	Fahrzeughalter
Gesamtgewicht	Ladung	**Gefahrgut** ☐
Anhänger Fabrikat/Typ	Kennzeichen	Fahrzeughalter
Gesamtgewicht	Ladung	**Gefahrgut** ☐

Fahrtzweck, Schäden und Bemerkungen

eintragen Fahrtzweck, Auftrag, , Gefahrgut, Bemerkungen wie Unfall,...

Fahrt

Fahrtbeginn	**Reiseweg**	**Fahrtende**
Dienstfahrt ☐		Privat ☐
Start KM		Ende KM
Datum & Zeit		Datum & Zeit
Dienstfahrt ☐		Privat ☐
Start KM		Ende KM
Datum & Zeit		Datum & Zeit
Dienstfahrt ☐		Privat ☐
Start KM		Ende KM
Datum & Zeit		Datum & Zeit

Fahrtkosten

Datum	Artikel, Dienstleistung	Betrag	Währung
Datum	Artikel, Dienstleistung	Betrag	Währung

Fahrtaufzeichnung

Blatt 87

Kraftfahrzeugart		**Privatwagen** □
		Dienstwagen □
LKW, PKW, Krad.....?		**CarSharing** □
Fahrzeugdaten		**Rent a Car** □

Zugfahrzeug Fabrikat/Typ	Kennzeichen	Fahrzeughalter
Gesamtgewicht	Ladung	**Gefahrgut** □
Anhänger Fabrikat/Typ	Kennzeichen	Fahrzeughalter
Gesamtgewicht	Ladung	**Gefahrgut** □

Fahrtzweck, Schäden und Bemerkungen

eintragen Fahrtzweck, Auftrag, , Gefahrgut, Bemerkungen wie Unfall,...

Fahrt

Fahrtbeginn	**Reiseweg**	**Fahrtende**	
Dienstfahrt □		Privat	□
Start KM		Ende	KM
Datum & Zeit		Datum & Zeit	
Dienstfahrt □		Privat	□
Start KM		Ende	KM
Datum & Zeit		Datum & Zeit	
Dienstfahrt □		Privat	□
Start KM		Ende	KM
Datum & Zeit		Datum & Zeit	

Fahrtkosten			
Datum	Artikel, Dienstleistung	Betrag	Währung
Datum	Artikel, Dienstleistung	Betrag	Währung

Fahrtaufzeichnung

Blatt 88

Kraftfahrzeugart   **Privatwagen** ☐

LKW, PKW, Krad.....?   **Dienstwagen** ☐

   CarSharing ☐

Fahrzeugdaten   **Rent a Car** ☐

Zugfahrzeug Fabrikat/Typ	Kennzeichen	Fahrzeughalter
Gesamtgewicht	Ladung	**Gefahrgut** ☐
Anhänger Fabrikat/Typ	Kennzeichen	Fahrzeughalter
Gesamtgewicht	Ladung	**Gefahrgut** ☐

Fahrtzweck, Schäden und Bemerkungen

eintragen Fahrtzweck, Auftrag, , Gefahrgut, Bemerkungen wie Unfall,...

Fahrt

Fahrtbeginn		Reiseweg	Fahrtende	
Dienstfahrt	☐		Privat	☐
Start	KM		Ende	KM
Datum & Zeit			Datum & Zeit	
Dienstfahrt	☐		Privat	☐
Start	KM		Ende	KM
Datum & Zeit			Datum & Zeit	
Dienstfahrt	☐		Privat	☐
Start	KM		Ende	KM
Datum & Zeit			Datum & Zeit	

Fahrtkosten

Datum	Artikel, Dienstleistung	Betrag	Währung
Datum	Artikel, Dienstleistung	Betrag	Währung

Fahrtaufzeichnung

Blatt 89

Kraftfahrzeugart

LKW, PKW, Krad.....?

Fahrzeugdaten

Privatwagen	☐
Dienstwagen	☐
CarSharing	☐
Rent a Car	☐

Zugfahrzeug Fabrikat/Typ	Kennzeichen	Fahrzeughalter
Gesamtgewicht	Ladung	**Gefahrgut** ☐
Anhänger Fabrikat/Typ	Kennzeichen	Fahrzeughalter
Gesamtgewicht	Ladung	**Gefahrgut** ☐

Fahrtzweck, Schäden und Bemerkungen

eintragen Fahrtzweck, Auftrag, , Gefahrgut, Bemerkungen wie Unfall,...

Fahrt

Fahrtbeginn	Reiseweg	**Fahrtende**	
Dienstfahrt ☐		Privat	☐
Start KM		Ende	KM
Datum & Zeit		Datum & Zeit	
Dienstfahrt ☐		Privat	☐
Start KM		Ende	KM
Datum & Zeit		Datum & Zeit	
Dienstfahrt ☐		Privat	☐
Start KM		Ende	KM
Datum & Zeit		Datum & Zeit	

Fahrtkosten

Datum	Artikel, Dienstleistung	Betrag	Währung
Datum	Artikel, Dienstleistung	Betrag	Währung

Fahrtaufzeichnung

Blatt 90

Kraftfahrzeugart

LKW, PKW, Krad.....?

Privatwagen	☐
Dienstwagen	☐
CarSharing	☐

Fahrzeugdaten

Rent a Car ☐

Zugfahrzeug Fabrikat/Typ	Kennzeichen	Fahrzeughalter
Gesamtgewicht	Ladung	**Gefahrgut** ☐
Anhänger Fabrikat/Typ	Kennzeichen	Fahrzeughalter
Gesamtgewicht	Ladung	**Gefahrgut** ☐

Fahrtzweck, Schäden und Bemerkungen

eintragen Fahrtzweck, Auftrag, , Gefahrgut, Bemerkungen wie Unfall,...

Fahrt

Fahrtbeginn		Reiseweg	Fahrtende	
Dienstfahrt	☐		Privat	☐
Start	KM		Ende	KM
Datum & Zeit			Datum & Zeit	
Dienstfahrt	☐		Privat	☐
Start	KM		Ende	KM
Datum & Zeit			Datum & Zeit	
Dienstfahrt	☐		Privat	☐
Start	KM		Ende	KM
Datum & Zeit			Datum & Zeit	

Fahrtkosten

Datum	Artikel, Dienstleistung	Betrag	Währung
Datum	Artikel, Dienstleistung	Betrag	Währung

Fahrtaufzeichnung

Kraftfahrzeugart		Privatwagen ☐
LKW, PKW, Krad.....?		Dienstwagen ☐
		CarSharing ☐
Fahrzeugdaten		Rent a Car ☐

Zugfahrzeug Fabrikat/Typ	Kennzeichen	Fahrzeughalter
Gesamtgewicht	Ladung	**Gefahrgut** ☐
Anhänger Fabrikat/Typ	Kennzeichen	Fahrzeughalter
Gesamtgewicht	Ladung	**Gefahrgut** ☐

Fahrtzweck, Schäden und Bemerkungen

eintragen Fahrtzweck, Auftrag, , Gefahrgut,
Bemerkungen wie Unfall,...

Fahrt

Fahrtbeginn		Reiseweg	Fahrtende	
Dienstfahrt	☐		Privat	☐
Start	KM		Ende	KM
Datum & Zeit			Datum & Zeit	
Dienstfahrt	☐		Privat	☐
Start	KM		Ende	KM
Datum & Zeit			Datum & Zeit	
Dienstfahrt	☐		Privat	☐
Start	KM		Ende	KM
Datum & Zeit			Datum & Zeit	

Fahrtkosten

Datum	Artikel, Dienstleistung	Betrag	Währung
Datum	Artikel, Dienstleistung	Betrag	Währung

Fahrtaufzeichnung

Blatt 92

Kraftfahrzeugart

LKW, PKW, Krad.....?

Privatwagen ☐
Dienstwagen ☐
CarSharing ☐

Fahrzeugdaten

Rent a Car ☐

Zugfahrzeug Fabrikat/Typ	Kennzeichen	Fahrzeughalter
Gesamtgewicht	Ladung	**Gefahrgut** ☐
Anhänger Fabrikat/Typ	Kennzeichen	Fahrzeughalter
Gesamtgewicht	Ladung	**Gefahrgut** ☐

Fahrtzweck, Schäden und Bemerkungen

eintragen Fahrtzweck, Auftrag, , Gefahrgut, Bemerkungen wie Unfall,...

Fahrt

Fahrtbeginn		Reiseweg	Fahrtende	
Dienstfahrt	☐		Privat	☐
Start	KM		Ende	KM
Datum & Zeit			Datum & Zeit	
Dienstfahrt	☐		Privat	☐
Start	KM		Ende	KM
Datum & Zeit			Datum & Zeit	
Dienstfahrt	☐		Privat	☐
Start	KM		Ende	KM
Datum & Zeit			Datum & Zeit	

Fahrtkosten

Datum	Artikel, Dienstleistung	Betrag	Währung
Datum	Artikel, Dienstleistung	Betrag	Währung

Fahrtaufzeichnung

Blatt 93

Kraftfahrzeugart   **Privatwagen** ☐

LKW, PKW, Krad.....?   **Dienstwagen** ☐

                                              CarSharing ☐

Fahrzeugdaten   **Rent a Car** ☐

Zugfahrzeug Fabrikat/Typ	Kennzeichen	Fahrzeughalter
Gesamtgewicht	Ladung	**Gefahrgut** ☐
Anhänger Fabrikat/Typ	Kennzeichen	Fahrzeughalter
Gesamtgewicht	Ladung	**Gefahrgut** ☐

Fahrtzweck, Schäden und Bemerkungen

eintragen Fahrtzweck, Auftrag, , Gefahrgut, Bemerkungen wie Unfall,...

Fahrt

Fahrtbeginn	**Reiseweg**	**Fahrtende**
Dienstfahrt ☐		Privat ☐
Start KM		Ende KM
Datum & Zeit		Datum & Zeit
Dienstfahrt ☐		Privat ☐
Start KM		Ende KM
Datum & Zeit		Datum & Zeit
Dienstfahrt ☐		Privat ☐
Start KM		Ende KM
Datum & Zeit		Datum & Zeit

Fahrtkosten

Datum	Artikel, Dienstleistung	Betrag	Währung
Datum	Artikel, Dienstleistung	Betrag	Währung

Fahrtaufzeichnung
Blatt 94

Kraftfahrzeugart		**Privatwagen** ☐
LKW, PKW, Krad.....?		**Dienstwagen** ☐
		CarSharing ☐
Fahrzeugdaten		**Rent a Car** ☐

Zugfahrzeug Fabrikat/Typ	Kennzeichen	Fahrzeughalter
Gesamtgewicht	Ladung	**Gefahrgut** ☐
Anhänger Fabrikat/Typ	Kennzeichen	Fahrzeughalter
Gesamtgewicht	Ladung	**Gefahrgut** ☐

Fahrtzweck, Schäden und Bemerkungen

eintragen Fahrtzweck, Auftrag, , Gefahrgut, Bemerkungen wie Unfall,...

Fahrt

Fahrtbeginn		**Reiseweg**	**Fahrtende**	
Dienstfahrt	☐		Privat	☐
Start	KM		Ende	KM
Datum & Zeit			Datum & Zeit	
Dienstfahrt	☐		Privat	☐
Start	KM		Ende	KM
Datum & Zeit			Datum & Zeit	
Dienstfahrt	☐		Privat	☐
Start	KM		Ende	KM
Datum & Zeit			Datum & Zeit	

Fahrtkosten

Datum	Artikel, Dienstleistung	Betrag	Währung
Datum	Artikel, Dienstleistung	Betrag	Währung

Fahrtaufzeichnung

Blatt 95

Kraftfahrzeugart	Privatwagen ☐
LKW, PKW, Krad.....?	Dienstwagen ☐
	CarSharing ☐
Fahrzeugdaten	Rent a Car ☐

Zugfahrzeug Fabrikat/Typ	Kennzeichen	Fahrzeughalter
Gesamtgewicht	Ladung	**Gefahrgut** ☐
Anhänger Fabrikat/Typ	Kennzeichen	Fahrzeughalter
Gesamtgewicht	Ladung	**Gefahrgut** ☐

Fahrtzweck, Schäden und Bemerkungen

eintragen Fahrtzweck, Auftrag, , Gefahrgut,
Bemerkungen wie Unfall,...

Fahrt

Fahrtbeginn		Reiseweg	Fahrtende	
Dienstfahrt	☐		Privat	☐
Start	KM		Ende	KM
Datum & Zeit			Datum & Zeit	
Dienstfahrt	☐		Privat	☐
Start	KM		Ende	KM ·
Datum & Zeit			Datum & Zeit	
Dienstfahrt	☐		Privat	☐
Start	KM		Ende	KM
Datum & Zeit			Datum & Zeit	

Fahrtkosten

Datum	Artikel, Dienstleistung	Betrag	Währung
Datum	Artikel, Dienstleistung	Betrag	Währung

Fahrtaufzeichnung

Blatt 96

Kraftfahrzeugart   Privatwagen ☐

  LKW, PKW, Krad.....?   Dienstwagen ☐

                                      CarSharing ☐

Fahrzeugdaten   Rent a Car ☐

Zugfahrzeug Fabrikat/Typ	Kennzeichen	Fahrzeughalter
Gesamtgewicht	Ladung	**Gefahrgut** ☐
Anhänger Fabrikat/Typ	Kennzeichen	Fahrzeughalter
Gesamtgewicht	Ladung	**Gefahrgut** ☐

Fahrtzweck, Schäden und Bemerkungen

eintragen Fahrtzweck, Auftrag, , Gefahrgut, Bemerkungen wie Unfall,...

Fahrt

Fahrtbeginn	Reiseweg	**Fahrtende**
Dienstfahrt ☐		Privat ☐
Start KM		Ende KM
Datum & Zeit		Datum & Zeit
Dienstfahrt ☐		Privat ☐
Start KM		Ende KM
Datum & Zeit		Datum & Zeit
Dienstfahrt ☐		Privat ☐
Start KM		Ende KM
Datum & Zeit		Datum & Zeit

Fahrtkosten

Datum	Artikel, Dienstleistung	Betrag	Währung
Datum	Artikel, Dienstleistung	Betrag	Währung

Fahrtaufzeichnung

Blatt 97

Kraftfahrzeugart

LKW, PKW, Krad.....?

Privatwagen	☐
Dienstwagen	☐
CarSharing	☐

Fahrzeugdaten   Rent a Car   ☐

Zugfahrzeug Fabrikat/Typ	Kennzeichen	Fahrzeughalter
Gesamtgewicht	Ladung	**Gefahrgut** ☐
Anhänger Fabrikat/Typ	Kennzeichen	Fahrzeughalter
Gesamtgewicht	Ladung	**Gefahrgut** ☐

Fahrtzweck, Schäden und Bemerkungen

eintragen Fahrtzweck, Auftrag, , Gefahrgut, Bemerkungen wie Unfall,...

Fahrt

Fahrtbeginn	Reiseweg	**Fahrtende**
Dienstfahrt ☐		Privat ☐
Start KM		Ende KM
Datum & Zeit		Datum & Zeit
Dienstfahrt ☐		Privat ☐
Start KM		Ende KM
Datum & Zeit		Datum & Zeit
Dienstfahrt ☐		Privat ☐
Start KM		Ende KM
Datum & Zeit		Datum & Zeit

Fahrtkosten

Datum	Artikel, Dienstleistung	Betrag	Währung
Datum	Artikel, Dienstleistung	Betrag	Währung

Fahrtaufzeichnung

Blatt 98

Kraftfahrzeugart   **Privatwagen** ☐
                                        Dienstwagen ☐
LKW, PKW, Krad......?   **CarSharing** ☐
Fahrzeugdaten   **Rent a Car** ☐

Zugfahrzeug Fabrikat/Typ	Kennzeichen	Fahrzeughalter
Gesamtgewicht	Ladung	**Gefahrgut** ☐
Anhänger Fabrikat/Typ	Kennzeichen	Fahrzeughalter
Gesamtgewicht	Ladung	**Gefahrgut** ☐

Fahrtzweck, Schäden und Bemerkungen

eintragen Fahrtzweck, Auftrag, , Gefahrgut, Bemerkungen wie Unfall,...

Fahrt

Fahrtbeginn	**Reiseweg**	**Fahrtende**
Dienstfahrt ☐		Privat ☐
Start KM		Ende KM
Datum & Zeit		Datum & Zeit
Dienstfahrt ☐		Privat ☐
Start KM		Ende KM
Datum & Zeit		Datum & Zeit
Dienstfahrt ☐		Privat ☐
Start KM		Ende KM
Datum & Zeit		Datum & Zeit

Fahrtkosten

Datum	Artikel, Dienstleistung	Betrag	Währung
Datum	Artikel, Dienstleistung	Betrag	Währung

Fahrtaufzeichnung

Blatt 99

Kraftfahrzeugart

LKW, PKW, Krad.....?

Fahrzeugdaten

Privatwagen	☐
Dienstwagen	☐
CarSharing	☐
Rent a Car	☐

Zugfahrzeug Fabrikat/Typ	Kennzeichen	Fahrzeughalter
Gesamtgewicht	Ladung	**Gefahrgut** ☐
Anhänger Fabrikat/Typ	Kennzeichen	Fahrzeughalter
Gesamtgewicht	Ladung	**Gefahrgut** ☐

Fahrtzweck, Schäden und Bemerkungen

eintragen Fahrtzweck, Auftrag, , Gefahrgut, Bemerkungen wie Unfall,...

Fahrt

Fahrtbeginn		Reiseweg	Fahrtende	
Dienstfahrt	☐		Privat	☐
Start	KM		Ende	KM
Datum & Zeit			Datum & Zeit	
Dienstfahrt	☐		Privat	☐
Start	KM		Ende	KM
Datum & Zeit			Datum & Zeit	
Dienstfahrt	☐		Privat	☐
Start	KM		Ende	KM
Datum & Zeit			Datum & Zeit	

Fahrtkosten

Datum	Artikel, Dienstleistung	Betrag	Währung
Datum	Artikel, Dienstleistung	Betrag	Währung

Fahrtaufzeichnung

Blatt 100

Kraftfahrzeugart		Privatwagen ☐
LKW, PKW, Krad.....?		Dienstwagen ☐
		CarSharing ☐
Fahrzeugdaten		Rent a Car ☐

Zugfahrzeug Fabrikat/Typ	Kennzeichen	Fahrzeughalter
Gesamtgewicht	Ladung	**Gefahrgut** ☐
Anhänger Fabrikat/Typ	Kennzeichen	Fahrzeughalter
Gesamtgewicht	Ladung	**Gefahrgut** ☐

Fahrtzweck, Schäden und Bemerkungen

eintragen Fahrtzweck, Auftrag, , Gefahrgut,
Bemerkungen wie Unfall,...

Fahrt

Fahrtbeginn		Reiseweg	Fahrtende	
Dienstfahrt	☐		Privat	☐
Start	KM		Ende	KM
Datum & Zeit			Datum & Zeit	
Dienstfahrt	☐		Privat	☐
Start	KM		Ende	KM
Datum & Zeit			Datum & Zeit	
Dienstfahrt	☐		Privat	☐
Start	KM		Ende	KM
Datum & Zeit			Datum & Zeit	

Fahrtkosten

Datum	Artikel, Dienstleistung	Betrag	Währung
Datum	Artikel, Dienstleistung	Betrag	Währung

Fahrtaufzeichnung

Blatt 101

Kraftfahrzeugart

LKW, PKW, Krad.....?

Privatwagen	☐
Dienstwagen	☐
CarSharing	☐
Rent a Car	☐

Fahrzeugdaten

Zugfahrzeug Fabrikat/Typ	Kennzeichen	Fahrzeughalter
Gesamtgewicht	Ladung	**Gefahrgut** ☐
Anhänger Fabrikat/Typ	Kennzeichen	Fahrzeughalter
Gesamtgewicht	Ladung	**Gefahrgut** ☐

Fahrtzweck, Schäden und Bemerkungen

eintragen Fahrtzweck, Auftrag, , Gefahrgut,
Bemerkungen wie Unfall,...

Fahrt

Fahrtbeginn		Reiseweg	Fahrtende	
Dienstfahrt	☐		Privat	☐
Start	KM		Ende	KM
Datum & Zeit			Datum & Zeit	
Dienstfahrt	☐		Privat	☐
Start	KM		Ende	KM
Datum & Zeit			Datum & Zeit	
Dienstfahrt	☐		Privat	☐
Start	KM		Ende	KM
Datum & Zeit			Datum & Zeit	

Fahrtkosten

Datum	Artikel, Dienstleistung	Betrag	Währung
Datum	Artikel, Dienstleistung	Betrag	Währung

Beförderungs- & Begleitpapier für Transporte

zu Fahrtaufzeichnung Blatt Nr | bitte Blatt Nr eintragen |

1   Datum des   **2**   amtliches Kennzeichen
Beförderungsbeginns

| Datum / Zeit | a   **Kraftfahrzeug** | Kennzeichen |
| b   **Anhänger** | Kennzeichen |

3   **Beförderer**

a   Name / Firma | Name / Firma |
b   PLZ / Ort / Land | PLZ / Ort / Land |
c   Straße / Nr | Straße / Nr |
d   Standort des KFZ, wenn nicht 3.C | KFZ Standort |

4   **Beladestelle**

a   Name / Firma | Name / Firma |
b   PLZ / Ort / Land | PLZ / Ort / Land |
c   Straße / Nr | Straße / Nr |

5   **Entladestelle**

a   Name / Firma | Name / Firma |
b   PLZ / Ort / Land | PLZ / Ort / Land |
c   Straße / Nr | Straße / Nr |

6   **genaue Bezeichnung und Art der Beförderten Gegenstände und Güter**

Beförferte Güter hier eintragen

7   **Bemerkungen**

Bemerkungen wie Unfall,...,
Beschädigungen an Ladung.....

Beförderungs- & Begleitpapier für Transporte

zu Fahrtaufzeichnung Blatt Nr | bitte Blatt Nr eintragen

1   **Datum des Beförderungsbeginns**   **2**   **amtliches Kennzeichen**

| Datum / Zeit | a | **Kraftfahrzeug** | Kennzeichen |

| | b | **Anhänger** | Kennzeichen |

3   **Beförderer**

a   Name / Firma | Name / Firma
b   PLZ / Ort / Land | PLZ / Ort / Land
c   Straße / Nr | Straße / Nr
d   Standort des KFZ, wenn nicht 3.C | KFZ Standort

4   **Beladestelle**

a   Name / Firma | Name / Firma
b   PLZ / Ort / Land | PLZ / Ort / Land
c   Straße / Nr | Straße / Nr

5   **Entladestelle**

a   Name / Firma | Name / Firma
b   PLZ / Ort / Land | PLZ / Ort / Land
c   Straße / Nr | Straße / Nr

6   **genaue Bezeichnung und Art der Beförderten Gegenstände und Güter**

Beförferte Güter hier eintragen

7   **Bemerkungen**

Bemerkungen wie Unfall,...,
Beschädigungen an Ladung.....

Beförderungs- & Begleitpapier für Transporte

zu Fahrtaufzeichnung Blatt Nr | bitte Blatt Nr eintragen

1   **Datum des Beförderungsbeginns**   **2**   **amtliches Kennzeichen**

| Datum / Zeit | a **Kraftfahrzeug** | Kennzeichen |
| | b **Anhänger** | Kennzeichen |

3   **Beförderer**

a   Name / Firma | Name / Firma |
b   PLZ / Ort / Land | PLZ / Ort / Land |
c   Straße / Nr | Straße / Nr |
d   Standort des KFZ, wenn nicht 3.C | KFZ Standort |

4   **Beladestelle**

a   Name / Firma | Name / Firma |
b   PLZ / Ort / Land | PLZ / Ort / Land |
c   Straße / Nr | Straße / Nr |

5   **Entladestelle**

a   Name / Firma | Name / Firma |
b   PLZ / Ort / Land | PLZ / Ort / Land |
c   Straße / Nr | Straße / Nr |

6   **genaue Bezeichnung und Art der Beförderten Gegenstände und Güter**

Beförferte Güter hier eintragen

7   **Bemerkungen**

Bemerkungen wie Unfall,...,
Beschädigungen an Ladung.....

Beförderungs- & Begleitpapier für Transporte

zu Fahrtaufzeichnung Blatt Nr | bitte Blatt Nr eintragen

1   **Datum des Beförderungsbeginns**   **2**   amtliches Kennzeichen

| Datum / Zeit | a | **Kraftfahrzeug** | Kennzeichen |

| | b | **Anhänger** | Kennzeichen |

3   **Beförderer**

a	Name / Firma	Name / Firma
b	PLZ / Ort / Land	PLZ / Ort / Land
c	Straße / Nr	Straße / Nr
d	Standort des KFZ, wenn nicht 3.C	KFZ Standort

4   **Beladestelle**

a	Name / Firma	Name / Firma
b	PLZ / Ort / Land	PLZ / Ort / Land
c	Straße / Nr	Straße / Nr

5   **Entladestelle**

a	Name / Firma	Name / Firma
b	PLZ / Ort / Land	PLZ / Ort / Land
c	Straße / Nr	Straße / Nr

6   **genaue Bezeichnung und Art der Beförderten Gegenstände und Güter**

Beförferte Güter hier eintragen

7   **Bemerkungen**

Bemerkungen wie Unfall,...,
Beschädigungen an Ladung.....

Beförderungs- & Begleitpapier für Transporte

zu Fahrtaufzeichnung Blatt Nr | bitte Blatt Nr eintragen |

1   **Datum des Beförderungsbeginns**   **2**   amtliches Kennzeichen

| Datum / Zeit | a | **Kraftfahrzeug** | Kennzeichen |
| | b | **Anhänger** | Kennzeichen |

3   **Beförderer**

a	Name / Firma	Name / Firma
b	PLZ / Ort / Land	PLZ / Ort / Land
c	Straße / Nr	Straße / Nr
d	Standort des KFZ, wenn nicht 3.C	KFZ Standort

4   **Beladestelle**

a	Name / Firma	Name / Firma
b	PLZ / Ort / Land	PLZ / Ort / Land
c	Straße / Nr	Straße / Nr

5   **Entladestelle**

a	Name / Firma	Name / Firma
b	PLZ / Ort / Land	PLZ / Ort / Land
c	Straße / Nr	Straße / Nr

6   **genaue Bezeichnung und Art der Beförderten Gegenstände und Güter**

Beförferte Güter hier eintragen

7   **Bemerkungen**

Bemerkungen wie Unfall,...,
Beschädigungen an Ladung.....

Beförderungs- & Begleitpapier für Transporte

zu Fahrtaufzeichnung Blatt Nr | bitte Blatt Nr eintragen

1   Datum des Beförderungsbeginns   **2**   **amtliches Kennzeichen**

| Datum / Zeit | a | **Kraftfahrzeug** | Kennzeichen |
| | b | **Anhänger** | Kennzeichen |

3   **Beförderer**

a	Name / Firma	Name / Firma
b	PLZ / Ort / Land	PLZ / Ort / Land
c	Straße / Nr	Straße / Nr
d	Standort des KFZ, wenn nicht 3.C	KFZ Standort

4   **Beladestelle**

a	Name / Firma	Name / Firma
b	PLZ / Ort / Land	PLZ / Ort / Land
c	Straße / Nr	Straße / Nr

5   **Entladestelle**

a	Name / Firma	Name / Firma
b	PLZ / Ort / Land	PLZ / Ort / Land
c	Straße / Nr	Straße / Nr

6   **genaue Bezeichnung und Art der Beförderten Gegenstände und Güter**

Beförferte Güter hier eintragen

7   **Bemerkungen**

Bemerkungen wie Unfall,...,
Beschädigungen an Ladung.....

Beförderungs- & Begleitpapier für Transporte

zu Fahrtaufzeichnung Blatt Nr | bitte Blatt Nr eintragen

1   Datum des Beförderungsbeginns   **2**   amtliches Kennzeichen

Datum / Zeit	a **Kraftfahrzeug**	Kennzeichen
	b **Anhänger**	Kennzeichen

3   **Beförderer**

a	Name / Firma	Name / Firma
b	PLZ / Ort / Land	PLZ / Ort / Land
c	Straße / Nr	Straße / Nr
d	Standort des KFZ, wenn nicht 3.C	KFZ Standort

4   **Beladestelle**

a	Name / Firma	Name / Firma
b	PLZ / Ort / Land	PLZ / Ort / Land
c	Straße / Nr	Straße / Nr

5   **Entladestelle**

a	Name / Firma	Name / Firma
b	PLZ / Ort / Land	PLZ / Ort / Land
c	Straße / Nr	Straße / Nr

6   **genaue Bezeichnung und Art der Beförderten Gegenstände und Güter**

Beförferte Güter hier eintragen

7   **Bemerkungen**

Bemerkungen wie Unfall,...,
Beschädigungen an Ladung.....

Beförderungs- & Begleitpapier für Transporte

zu Fahrtaufzeichnung Blatt Nr
> bitte Blatt Nr eintragen

1 Datum des Beförderungsbeginns

| Datum / Zeit |

2 amtliches Kennzeichen

a **Kraftfahrzeug** | Kennzeichen |
b **Anhänger** | Kennzeichen |

3 Beförderer

a Name / Firma | Name / Firma |
b PLZ / Ort / Land | PLZ / Ort / Land |
c Straße / Nr | Straße / Nr |
d Standort des KFZ, wenn nicht 3.C | KFZ Standort |

4 Beladestelle

a Name / Firma | Name / Firma |
b PLZ / Ort / Land | PLZ / Ort / Land |
c Straße / Nr | Straße / Nr |

5 Entladestelle

a Name / Firma | Name / Firma |
b PLZ / Ort / Land | PLZ / Ort / Land |
c Straße / Nr | Straße / Nr |

6 genaue Bezeichnung und Art der Beförderten Gegenstände und Güter

Beförferte Güter hier eintragen

7 Bemerkungen

Bemerkungen wie Unfall,...,
Beschädigungen an Ladung.....

Beförderungs- & Begleitpapier für Transporte

zu Fahrtaufzeichnung Blatt Nr

bitte Blatt Nr
eintragen

1 Datum des
Beförderungsbeginns

2 amtliches Kennzeichen

Datum / Zeit

a **Kraftfahrzeug** Kennzeichen

b **Anhänger** Kennzeichen

3 Beförderer

a Name / Firma — Name / Firma

b PLZ / Ort / Land — PLZ / Ort / Land

c Straße / Nr — Straße / Nr

d Standort des KFZ, wenn nicht 3.C — KFZ Standort

4 Beladestelle

a Name / Firma — Name / Firma

b PLZ / Ort / Land — PLZ / Ort / Land

c Straße / Nr — Straße / Nr

5 Entladestelle

a Name / Firma — Name / Firma

b PLZ / Ort / Land — PLZ / Ort / Land

c Straße / Nr — Straße / Nr

**6 genaue Bezeichnung und Art der Beförderten
Gegenstände und Güter**

Beförferte Güter hier eintragen

7 Bemerkungen

Bemerkungen wie Unfall,...,
Beschädigungen an Ladung.....

Beförderungs- & Begleitpapier für Transporte

zu Fahrtaufzeichnung Blatt Nr

bitte Blatt Nr eintragen

1   **Datum des Beförderungsbeginns**   **2**   **amtliches Kennzeichen**

Datum / Zeit

a   **Kraftfahrzeug** | Kennzeichen |

b   **Anhänger** | Kennzeichen |

3   **Beförderer**

a   Name / Firma | Name / Firma |

b   PLZ / Ort / Land | PLZ / Ort / Land |

c   Straße / Nr | Straße / Nr |

d   Standort des KFZ, wenn nicht 3.C | KFZ Standort |

4   **Beladestelle**

a   Name / Firma | Name / Firma |

b   PLZ / Ort / Land | PLZ / Ort / Land |

c   Straße / Nr | Straße / Nr |

5   **Entladestelle**

a   Name / Firma | Name / Firma |

b   PLZ / Ort / Land | PLZ / Ort / Land |

c   Straße / Nr | Straße / Nr |

6   **genaue Bezeichnung und Art der Beförderten Gegenstände und Güter**

Beförferte Güter hier eintragen

7   **Bemerkungen**

Bemerkungen wie Unfall,...,
Beschädigungen an Ladung.....

Beförderungs- & Begleitpapier für Transporte

zu Fahrtaufzeichnung Blatt Nr | bitte Blatt Nr eintragen |

| 1 | **Datum des Beförderungsbeginns** | **2** | **amtliches Kennzeichen** |

| | Datum / Zeit | a | **Kraftfahrzeug** | Kennzeichen |
| | | b | **Anhänger** | Kennzeichen |

3 **Beförderer**

a Name / Firma | Name / Firma |
b PLZ / Ort / Land | PLZ / Ort / Land |
c Straße / Nr | Straße / Nr |
d Standort des KFZ, wenn nicht 3.C | KFZ Standort |

4 **Beladestelle**

a Name / Firma | Name / Firma |
b PLZ / Ort / Land | PLZ / Ort / Land |
c Straße / Nr | Straße / Nr |

5 **Entladestelle**

a Name / Firma | Name / Firma |
b PLZ / Ort / Land | PLZ / Ort / Land |
c Straße / Nr | Straße / Nr |

6 **genaue Bezeichnung und Art der Beförderten Gegenstände und Güter**

Beförferte Güter hier eintragen

7 **Bemerkungen**

Bemerkungen wie Unfall,...,
Beschädigungen an Ladung.....

Beförderungs- & Begleitpapier für Transporte

zu Fahrtaufzeichnung Blatt Nr | bitte Blatt Nr eintragen |

| 1 | **Datum des Beförderungsbeginns** | **2** | **amtliches Kennzeichen** |

| Datum / Zeit | a | **Kraftfahrzeug** | Kennzeichen |
| | b | **Anhänger** | Kennzeichen |

3 Beförderer

a	Name / Firma	Name / Firma
b	PLZ / Ort / Land	PLZ / Ort / Land
c	Straße / Nr	Straße / Nr
d	Standort des KFZ, wenn nicht 3.C	KFZ Standort

4 Beladestelle

a	Name / Firma	Name / Firma
b	PLZ / Ort / Land	PLZ / Ort / Land
c	Straße / Nr	Straße / Nr

5 Entladestelle

a	Name / Firma	Name / Firma
b	PLZ / Ort / Land	PLZ / Ort / Land
c	Straße / Nr	Straße / Nr

6 genaue Bezeichnung und Art der Beförderten Gegenstände und Güter

Beförferte Güter hier eintragen

7 Bemerkungen

Bemerkungen wie Unfall,...., Beschädigungen an Ladung.....

Beförderungs- & Begleitpapier für Transporte

zu Fahrtaufzeichnung Blatt Nr | bitte Blatt Nr eintragen

1   **Datum des Beförderungsbeginns**   **2**   amtliches Kennzeichen

| Datum / Zeit | a | **Kraftfahrzeug** | Kennzeichen |
| | b | **Anhänger** | Kennzeichen |

3   **Beförderer**

a	Name / Firma	Name / Firma
b	PLZ / Ort / Land	PLZ / Ort / Land
c	Straße / Nr	Straße / Nr
d	Standort des KFZ, wenn nicht 3.C	KFZ Standort

4   **Beladestelle**

a	Name / Firma	Name / Firma
b	PLZ / Ort / Land	PLZ / Ort / Land
c	Straße / Nr	Straße / Nr

5   **Entladestelle**

a	Name / Firma	Name / Firma
b	PLZ / Ort / Land	PLZ / Ort / Land
c	Straße / Nr	Straße / Nr

6   **genaue Bezeichnung und Art der Beförderten Gegenstände und Güter**

Beförfte Güter hier eintragen

7   **Bemerkungen**

Bemerkungen wie Unfall,...,
Beschädigungen an Ladung.....

.

Beförderungs- & Begleitpapier für Transporte

zu Fahrtaufzeichnung Blatt Nr

bitte Blatt Nr eintragen

1   Datum des Beförderungsbeginns   **2**   **amtliches Kennzeichen**

Datum / Zeit   a   **Kraftfahrzeug**   Kennzeichen

b   **Anhänger**   Kennzeichen

3   **Beförderer**

a   Name / Firma   Name / Firma

b   PLZ / Ort / Land   PLZ / Ort / Land

c   Straße / Nr   Straße / Nr

d   Standort des KFZ, wenn nicht 3.C   KFZ Standort

4   **Beladestelle**

a   Name / Firma   Name / Firma

b   PLZ / Ort / Land   PLZ / Ort / Land

c   Straße / Nr   Straße / Nr

5   **Entladestelle**

a   Name / Firma   Name / Firma

b   PLZ / Ort / Land   PLZ / Ort / Land

c   Straße / Nr   Straße / Nr

6   **genaue Bezeichnung und Art der Beförderten Gegenstände und Güter**

Beförferte Güter hier eintragen

7   **Bemerkungen**

Bemerkungen wie Unfall,...,
Beschädigungen an Ladung.....

Beförderungs- & Begleitpapier für Transporte

zu Fahrtaufzeichnung Blatt Nr

> bitte Blatt Nr
> eintragen

1 Datum des
Beförderungsbeginns

2 amtliches Kennzeichen

Datum / Zeit

a **Kraftfahrzeug** | Kennzeichen |
b **Anhänger** | Kennzeichen |

3 Beförderer

a Name / Firma | Name / Firma |
b PLZ / Ort / Land | PLZ / Ort / Land |
c Straße / Nr | Straße / Nr |
d Standort des KFZ, wenn nicht 3.C | KFZ Standort |

4 Beladestelle

a Name / Firma | Name / Firma |
b PLZ / Ort / Land | PLZ / Ort / Land |
c Straße / Nr | Straße / Nr |

5 Entladestelle

a Name / Firma | Name / Firma |
b PLZ / Ort / Land | PLZ / Ort / Land |
c Straße / Nr | Straße / Nr |

**6 genaue Bezeichnung und Art der Beförderten
Gegenstände und Güter**

Beförferte Güter hier eintragen

7 Bemerkungen

Bemerkungen wie Unfall,...,
Beschädigungen an Ladung.....

Beförderungs- & Begleitpapier für Transporte

zu Fahrtaufzeichnung Blatt Nr | bitte Blatt Nr eintragen

1   **Datum des Beförderungsbeginns**   **2**   **amtliches Kennzeichen**

| Datum / Zeit |

a   **Kraftfahrzeug** | Kennzeichen

b   **Anhänger** | Kennzeichen

3   **Beförderer**

a   Name / Firma | Name / Firma

b   PLZ / Ort / Land | PLZ / Ort / Land

c   Straße / Nr | Straße / Nr

d   Standort des KFZ, wenn nicht 3.C | KFZ Standort

4   **Beladestelle**

a   Name / Firma | Name / Firma

b   PLZ / Ort / Land | PLZ / Ort / Land

c   Straße / Nr | Straße / Nr

5   **Entladestelle**

a   Name / Firma | Name / Firma

b   PLZ / Ort / Land | PLZ / Ort / Land

c   Straße / Nr | Straße / Nr

6   **genaue Bezeichnung und Art der Beförderten Gegenstände und Güter**

Beförferte Güter hier eintragen

7   **Bemerkungen**

Bemerkungen wie Unfall,...,
Beschädigungen an Ladung.....

Beförderungs- & Begleitpapier für Transporte

zu Fahrtaufzeichnung Blatt Nr

bitte Blatt Nr eintragen

1 Datum des Beförderungsbeginns

2 amtliches Kennzeichen

Datum / Zeit

a **Kraftfahrzeug**

Kennzeichen

b **Anhänger**

Kennzeichen

3 **Beförderer**

a Name / Firma

Name / Firma

b PLZ / Ort / Land

PLZ / Ort / Land

c Straße / Nr

Straße / Nr

d Standort des KFZ, wenn nicht 3.C

KFZ Standort

4 **Beladestelle**

a Name / Firma

Name / Firma

b PLZ / Ort / Land

PLZ / Ort / Land

c Straße / Nr

Straße / Nr

5 **Entladestelle**

a Name / Firma

Name / Firma

b PLZ / Ort / Land

PLZ / Ort / Land

c Straße / Nr

Straße / Nr

6 **genaue Bezeichnung und Art der Beförderten Gegenstände und Güter**

Beförferte Güter hier eintragen

7 **Bemerkungen**

Bemerkungen wie Unfall,...,
Beschädigungen an Ladung.....

Beförderungs- & Begleitpapier für Transporte

zu Fahrtaufzeichnung Blatt Nr

bitte Blatt Nr eintragen

1   **Datum des Beförderungsbeginns**

Datum / Zeit

2   **amtliches Kennzeichen**

a   **Kraftfahrzeug** | Kennzeichen |

b   **Anhänger** | Kennzeichen |

3   **Beförderer**

a   Name / Firma | Name / Firma |

b   PLZ / Ort / Land | PLZ / Ort / Land |

c   Straße / Nr | Straße / Nr |

d   Standort des KFZ, wenn nicht 3.C | KFZ Standort |

4   **Beladestelle**

a   Name / Firma | Name / Firma |

b   PLZ / Ort / Land | PLZ / Ort / Land |

c   Straße / Nr | Straße / Nr |

5   **Entladestelle**

a   Name / Firma | Name / Firma |

b   PLZ / Ort / Land | PLZ / Ort / Land |

c   Straße / Nr | Straße / Nr |

6   **genaue Bezeichnung und Art der Beförderten Gegenstände und Güter**

Beförferte Güter hier eintragen

7   **Bemerkungen**

Bemerkungen wie Unfall,...,
Beschädigungen an Ladung.....

Beförderungs- & Begleitpapier für Transporte

zu Fahrtaufzeichnung Blatt Nr | bitte Blatt Nr eintragen

1   **Datum des Beförderungsbeginns**   **2**   amtliches Kennzeichen

| Datum / Zeit | a | **Kraftfahrzeug** | Kennzeichen |

| | b | **Anhänger** | Kennzeichen |

3   **Beförderer**

a	Name / Firma	Name / Firma
b	PLZ / Ort / Land	PLZ / Ort / Land
c	Straße / Nr	Straße / Nr
d	Standort des KFZ, wenn nicht 3.C	KFZ Standort

4   **Beladestelle**

a	Name / Firma	Name / Firma
b	PLZ / Ort / Land	PLZ / Ort / Land
c	Straße / Nr	Straße / Nr

5   **Entladestelle**

a	Name / Firma	Name / Firma
b	PLZ / Ort / Land	PLZ / Ort / Land
c	Straße / Nr	Straße / Nr

6   **genaue Bezeichnung und Art der Beförderten Gegenstände und Güter**

Beförferte Güter hier eintragen

7   **Bemerkungen**

Bemerkungen wie Unfall,...,
Beschädigungen an Ladung.....

Beförderungs- & Begleitpapier für Transporte

zu Fahrtaufzeichnung Blatt Nr

> bitte Blatt Nr eintragen

1 Datum des Beförderungsbeginns

> Datum / Zeit

2 amtliches Kennzeichen

a **Kraftfahrzeug** | Kennzeichen

b **Anhänger** | Kennzeichen

3 **Beförderer**

a Name / Firma | Name / Firma
b PLZ / Ort / Land | PLZ / Ort / Land
c Straße / Nr | Straße / Nr
d Standort des KFZ, wenn nicht 3.C | KFZ Standort

4 **Beladestelle**

a Name / Firma | Name / Firma
b PLZ / Ort / Land | PLZ / Ort / Land
c Straße / Nr | Straße / Nr

5 **Entladestelle**

a Name / Firma | Name / Firma
b PLZ / Ort / Land | PLZ / Ort / Land
c Straße / Nr | Straße / Nr

6 genaue Bezeichnung und Art der Beförderten Gegenstände und Güter

Beförferte Güter hier eintragen

7 **Bemerkungen**

Bemerkungen wie Unfall,...,
Beschädigungen an Ladung.....

Beförderungs- & Begleitpapier für Transporte

zu Fahrtaufzeichnung Blatt Nr

bitte Blatt Nr eintragen

1   Datum des Beförderungsbeginns

Datum / Zeit

2   amtliches Kennzeichen

a   **Kraftfahrzeug** | Kennzeichen |

b   **Anhänger** | Kennzeichen |

3   **Beförderer**

a   Name / Firma | Name / Firma |

b   PLZ / Ort / Land | PLZ / Ort / Land |

c   Straße / Nr | Straße / Nr |

d   Standort des KFZ, wenn nicht 3.C | KFZ Standort |

4   **Beladestelle**

a   Name / Firma | Name / Firma |

b   PLZ / Ort / Land | PLZ / Ort / Land |

c   Straße / Nr | Straße / Nr |

5   **Entladestelle**

a   Name / Firma | Name / Firma |

b   PLZ / Ort / Land | PLZ / Ort / Land |

c   Straße / Nr | Straße / Nr |

6   **genaue Bezeichnung und Art der Beförderten Gegenstände und Güter**

Beförferte Güter hier eintragen

7   **Bemerkungen**

Bemerkungen wie Unfall,...,
Beschädigungen an Ladung.....

Beförderungs- & Begleitpapier für Transporte

zu Fahrtaufzeichnung Blatt Nr | bitte Blatt Nr eintragen

1 **Datum des Beförderungsbeginns** | **2** **amtliches Kennzeichen**

| Datum / Zeit | a | **Kraftfahrzeug** | Kennzeichen |
| | b | **Anhänger** | Kennzeichen |

3 **Beförderer**

a Name / Firma — Name / Firma
b PLZ / Ort / Land — PLZ / Ort / Land
c Straße / Nr — Straße / Nr
d Standort des KFZ, wenn nicht 3.C — KFZ Standort

4 **Beladestelle**

a Name / Firma — Name / Firma
b PLZ / Ort / Land — PLZ / Ort / Land
c Straße / Nr — Straße / Nr

5 **Entladestelle**

a Name / Firma — Name / Firma
b PLZ / Ort / Land — PLZ / Ort / Land
c Straße / Nr — Straße / Nr

6 **genaue Bezeichnung und Art der Beförderten Gegenstände und Güter**

Beförferte Güter hier eintragen

7 **Bemerkungen**

Bemerkungen wie Unfall,...,
Beschädigungen an Ladung.....

Beförderungs- & Begleitpapier für Transporte

zu Fahrtaufzeichnung Blatt Nr | bitte Blatt Nr eintragen

1   **Datum des Beförderungsbeginns**   **2**   **amtliches Kennzeichen**

| Datum / Zeit | a | **Kraftfahrzeug** | Kennzeichen |
| | b | **Anhänger** | Kennzeichen |

3   **Beförderer**

a	Name / Firma	Name / Firma
b	PLZ / Ort / Land	PLZ / Ort / Land
c	Straße / Nr	Straße / Nr
d	Standort des KFZ, wenn nicht 3.C	KFZ Standort

4   **Beladestelle**

a	Name / Firma	Name / Firma
b	PLZ / Ort / Land	PLZ / Ort / Land
c	Straße / Nr	Straße / Nr

5   **Entladestelle**

a	Name / Firma	Name / Firma
b	PLZ / Ort / Land	PLZ / Ort / Land
c	Straße / Nr	Straße / Nr

6   **genaue Bezeichnung und Art der Beförderten Gegenstände und Güter**

Beförferte Güter hier eintragen

7   **Bemerkungen**

Bemerkungen wie Unfall,...,
Beschädigungen an Ladung.....

Beförderungs- & Begleitpapier für Transporte

zu Fahrtaufzeichnung Blatt Nr | bitte Blatt Nr eintragen |

1 **Datum des Beförderungsbeginns** **2** amtliches Kennzeichen

| Datum / Zeit |

a **Kraftfahrzeug** | Kennzeichen |

b **Anhänger** | Kennzeichen |

3 **Beförderer**

a Name / Firma | Name / Firma |

b PLZ / Ort / Land | PLZ / Ort / Land |

c Straße / Nr | Straße / Nr |

d Standort des KFZ, wenn nicht 3.C | KFZ Standort |

4 **Beladestelle**

a Name / Firma | Name / Firma |

b PLZ / Ort / Land | PLZ / Ort / Land |

c Straße / Nr | Straße / Nr |

5 **Entladestelle**

a Name / Firma | Name / Firma |

b PLZ / Ort / Land | PLZ / Ort / Land |

c Straße / Nr | Straße / Nr |

6 **genaue Bezeichnung und Art der Beförderten Gegenstände und Güter**

Beförferte Güter hier eintragen

7 **Bemerkungen**

Bemerkungen wie Unfall,...,
Beschädigungen an Ladung.....

Beförderungs- & Begleitpapier für Transporte

zu Fahrtaufzeichnung Blatt Nr
bitte Blatt Nr eintragen

1 Datum des Beförderungsbeginns

2 amtliches Kennzeichen

Datum / Zeit

a **Kraftfahrzeug** Kennzeichen

b **Anhänger** Kennzeichen

3 Beförderer

a Name / Firma — Name / Firma

b PLZ / Ort / Land — PLZ / Ort / Land

c Straße / Nr — Straße / Nr

d Standort des KFZ, wenn nicht 3.C — KFZ Standort

4 Beladestelle

a Name / Firma — Name / Firma

b PLZ / Ort / Land — PLZ / Ort / Land

c Straße / Nr — Straße / Nr

5 Entladestelle

a Name / Firma — Name / Firma

b PLZ / Ort / Land — PLZ / Ort / Land

c Straße / Nr — Straße / Nr

6 genaue Bezeichnung und Art der Beförderten Gegenstände und Güter

Beförferte Güter hier eintragen

7 Bemerkungen

Bemerkungen wie Unfall,...,
Beschädigungen an Ladung.....

Beförderungs- & Begleitpapier für Transporte

zu Fahrtaufzeichnung Blatt Nr | bitte Blatt Nr eintragen |

1   **Datum des Beförderungsbeginns**

| Datum / Zeit |

2   **amtliches Kennzeichen**

a   **Kraftfahrzeug** | Kennzeichen |
b   **Anhänger** | Kennzeichen |

3   **Beförderer**

a   Name / Firma | Name / Firma |
b   PLZ / Ort / Land | PLZ / Ort / Land |
c   Straße / Nr | Straße / Nr |
d   Standort des KFZ, wenn nicht 3.C | KFZ Standort |

4   **Beladestelle**

a   Name / Firma | Name / Firma |
b   PLZ / Ort / Land | PLZ / Ort / Land |
c   Straße / Nr | Straße / Nr |

5   **Entladestelle**

a   Name / Firma | Name / Firma |
b   PLZ / Ort / Land | PLZ / Ort / Land |
c   Straße / Nr | Straße / Nr |

6   **genaue Bezeichnung und Art der Beförderten Gegenstände und Güter**

Beförferte Güter hier eintragen

7   **Bemerkungen**

Bemerkungen wie Unfall,...,
Beschädigungen an Ladung.....

Beförderungs- & Begleitpapier für Transporte

zu Fahrtaufzeichnung Blatt Nr

bitte Blatt Nr eintragen

1 Datum des Beförderungsbeginns   **2** amtliches Kennzeichen

Datum / Zeit

a Kraftfahrzeug

Kennzeichen

b Anhänger

Kennzeichen

3 **Beförderer**

a Name / Firma

Name / Firma

b PLZ / Ort / Land

PLZ / Ort / Land

c Straße / Nr

Straße / Nr

d Standort des KFZ, wenn nicht 3.C

KFZ Standort

4 **Beladestelle**

a Name / Firma

Name / Firma

b PLZ / Ort / Land

PLZ / Ort / Land

c Straße / Nr

Straße / Nr

5 **Entladestelle**

a Name / Firma

Name / Firma

b PLZ / Ort / Land

PLZ / Ort / Land

c Straße / Nr

Straße / Nr

6 genaue Bezeichnung und Art der Beförderten Gegenstände und Güter

Beförferte Güter hier eintragen

7 Bemerkungen

Bemerkungen wie Unfall,...,
Beschädigungen an Ladung.....

Publikationen von Hansjürgen Hassenzahl

Arbeitsbuch Catering
Verpflegung an Bord eines Segelschiffes
Handbuch zur Reisevorbereitung
für Gruppenleiter

ISBN 9 783839 190678

Arbeitsbuch Catering
Formularheft Fahrtenbuch
persönliche Fahrtaufzeichnungen für
Carsharing, Miet-, Dienst-, Privatwagen

ISBN 9 783738 606324

Arbeitsbuch Küche
Anrichtebeispiele von Menükomponenten
Band 1 Tellerservice

ISBN 9 783839 180549

Arbeitsbuch Küche
Hansjürgens Kochbüchlein
Rezepturen aus der Eulenmühle
ISBN 9 783842 337237

Arbeitsbuch Küche
HaReKa 2010
Hansjürgens Rezeptur Katalog
Ausgabe 2010
ISBN 9 783839 184455